Lektüreschlüssel für Schüler

E. T. A. Hoffmann
Das Fräulein von Scuderi

Von Winfried Freund

Philipp Reclam jun. Stuttgart

Universal-Bibliothek Nr. 15321

Gesamtherstellung: Reclam, Ditzingen
Printed in Germany 2003

ISBN 3-15-015321-2

www.reclam.de

Inhalt

1. Erstinformation zum Werk

Im Werk E.T.A. Hoffmanns, des bedeutendsten romantischen Erzählers, vermischen sich das Wunderbare mit dem Grauen, das Versöhnliche mit dem Schrecken. Nur eine schmale Grenze trennt den Himmel der Erlösung von der Hölle der Verzweiflung. In seinen *Phantasiestücken* auf der einen und den *Nachtstücken* auf der andern Seite entwirft Hoffmann polare Erzählformen des Wunderbaren und des Phantastischen. Öffnet sich im Märchen vom *Goldnen Topf* die Welt ins Unendliche, so sieht sich der Einzelne im *Sandmann* unheimlichen Bedrohungen in einer sich mehr und mehr verengenden Welt ausgesetzt, die ihn am Ende zerstören.

Immer wieder stellt Hoffmann den besessenen, von latent lauernden, destruktiven Kräften heimgesuchten Menschen dar. Erzählend lotet er die Tiefe des menschlichen Bewusstseins aus, die unbewussten Energien, die den Einzelnen zum Spielball und Opfer machen. Kein anderer Erzähler im 19. Jahrhundert hat so konsequent mit den Mitteln seiner Kunst die Entdeckungen der Psychoanalyse dichterisch vorweggenommen und erschütternd Gestalt werden lassen.

Neben der phantastischen Novelle *Der Sandmann* und dem Roman *Die Elixiere des Teufels* ist es vor allem die Kriminalnovelle *Das Fräulein von Scuderi* aus dem Jahr 1819, die Hoffmanns Ruf als Dichter des Unbewussten und Unheilvollen begründete. Ob der Goldschmied Cardillac als Modellgestalt des tragisch erlittenen, romantischen Künstlertums figuriert, mag zunächst dahingestellt bleiben, fest steht, dass er einer der »verruchtesten und zugleich unglücklichsten aller Menschen« (53) ist, den sein »böser Stern« (54) umtreibt und zugrunde richtet.

Hoffmann teilt nicht länger den klassischen Glauben an den essenziell edlen Menschen, an dessen grundsätzlich mögliche Vollendbarkeit im Hier und im Jetzt. »Geprägte Form, die lebend sich entwickelt«,[1] von der Goethe spricht, scheint bei Hoffmann zur Missgestalt entstellt durch selbstzerstörerische innere Kräfte. Die Romantiker und insbesondere Hoffmann waren es, die den Nachtseiten des natürlichen und menschlichen Daseins literarische Konturen gaben und so den Menschen porträtierten als nicht allein beseelt von dem Streben nach dem Schönen, Guten und Wahren, sondern auch getrieben von dunklen, dämonischen Mächten, die seine Welt und ihn selbst mit Zerstörung bedrohen.

2. Inhalt

Die Novelle spielt in Paris Ende des 17. Jahrhunderts zur Regierungszeit Ludwigs XIV. Eine spannungsgeladene Szene leitet die Handlung ein. Ein junger Mann mit tief in die Augen gedrücktem Hut versucht zur Nachtzeit in das Haus der vom König begünstigten Schriftstellerin Madeleine de Scuderi zu gelangen. Nach einigem Zögern lässt die Kammerfrau des Fräuleins den wild blickenden und gestikulierenden jungen Mann ein, der der Hausherrin ein Kästchen überreichen möchte. Doch die Kammerfrau verwehrt ihm den Zugang zu deren Gemach. Als draußen die Polizei hörbar wird und die Bedrängte um Hilfe schreit, stürzt der Fremde, das Kästchen zurücklassend, aus dem Haus und stößt dabei beinahe mit dem zurückkehrenden Bediensteten Baptiste zusammen.

Spannungsgeladene Eingangsszene: Ein Fremder stürzt ins Haus der Scuderi

Ein Kästchen bleibt zurück

Paris ist gerade zu dieser Zeit der Schauplatz furchtbarster Verbrechen. Ein deutscher Apotheker und Chemiker hat ein geruch- und geschmackloses Gift hergestellt, dessen bloßes Einatmen tötet. Gewissenlose Verbrecher setzen es ein, ihre egoistischen Ziele durchzusetzen. Eine Serie geheimnisvoller Tode erschüttert die französische Hauptstadt. Nachdem man ein verbrecherisches Paar, den Hauptmann de Sainte Croix und die Marquise de Brinvillier, gestellt und hingerichtet hat, gehen die Giftmorde dennoch weiter. Wieder sterben viele Menschen an dem heimtückischen Gift, bis die Beamten des

Paris – Schauplatz furchtbarer Verbrechen

Chambre ardente, einer eigens eingesetzten Untersuchungsbehörde, der alten Wahrsagerin la Voisin auf die Spur kommen, die ihren Klienten zu gewünschten Erb- und Liebschaften verhilft, indem sie die ihnen im Wege Stehenden vergiftet. Nach ihrer Hinrichtung findet man Listen bei ihr, die selbst hohe Standespersonen belasten. Zahllose Hinrichtungen folgen. Der Blutjustiz des Präsidenten la Regnie fallen Schuldige wie Unschuldige zum Opfer.

Raubmorde verbreiten Aberglaube und Angst

Nach dem Rückgang der Giftanschläge erschüttern Raubmorde die Hauptstadt. Liebhaber mit wertvollen Juwelen unterwegs zu ihrem Rendezvous werden niedergeschlagen, mit einem gezielten Dolchstich ermordet und ausgeraubt. Eines Nachts ertappt der Polizeikommissar Desgrais den unheimlichen Juwelenräuber auf frischer Tat. Bei der Verfolgung verschwindet dieser jedoch wie ein Phantom durch eine Mauer. Aberglaube und Angst greifen um sich. Laut wird der Ruf nach schärferen Gesetzen, unterstützt durch ein dem König schmeichelndes Gedicht der gefährdeten Liebhaber. Als Ludwig XIV. die Scuderi um ihren Rat fragt, antwortet sie ihm mit Versen, die besagen, dass Liebhaber, die Diebe fürchten, der Liebe nicht würdig seien. Der König belässt es daraufhin bei den geltenden Bestimmungen.

Das Kästchen mit Goldschmuck wird geöffnet

Am Morgen nach dem geheimnisvollen Besuch öffnet die 73-jährige Scuderi das Kästchen und findet darin äußerst wertvollen, kunstreich gearbeiteten Arm- und Halsschmuck. Auf einem beigefügten Blatt stehen ihre beim König gesprochenen Verse und ein Dank der »Unsichtbaren« für die Vermeidung schärferer Verfolgungsmaßnahmen. Sichtbarer Ausdruck des Dankes ist der

Schmuck. Das Fräulein ist tief verletzt. Scheint es doch nun, als sei sie im Bunde mit den Verbrechern.

Von der Marquise de Maintenon, der Geliebten und zweiten Gemahlin des Königs, erhält sie den Hinweis, dass der kostbare Schmuck nur von René Cardillac gearbeitet sein könne. Cardillac gilt als der beste Goldschmied seiner Zeit. Nur schwer trennt er sich von seinen mit größter Kunstfertigkeit hergestellten Kreationen. Beharrlich weigert er sich, für den König oder die Maintenon zu arbeiten. Der kräftig gebaute Mann mit seinem rötlichen Haar und seinen tiefliegenden, grün funkelnden Augen gilt wegen seiner Besessenheit von seinen Schöpfungen allgemein als Sonderling. Unbeschadet dadurch aber ist sein Ruf als ehrbarer Bürger. In der Gegenwart der Maintenon und des Fräuleins von Scuderi bekennt sich Cardillac als Urheber des Schmucks, den er für sich allein gearbeitet habe und der ihm gestohlen worden sei. Als die Scuderi ihm sein rechtmäßiges Eigentum zurückgeben will, bittet er sie inständig, den Schmuck als Ausdruck seiner Hochachtung für sie als Geschenk anzunehmen. Verwirrt von dieser Bitte und dem exaltierten Benehmen stimmt das Fräulein schließlich zu, obwohl ihr Cardillac zusehends unheimlich wird. Sie fühlt sich in ein schlimmes Geheimnis hineingezogen. Schließlich befreit sie sich von dem inneren Druck durch ein witziges Gedicht, in dem sie sich selbstironisch als betagte Goldschmiedbraut darstellt.

Das Fräulein wird vor dem Schmuck gewarnt

Nach Monaten begegnet die Scuderi einem jungen Mann, in dem ihre Kammerfrau sofort den geheimnisvollen nächtlichen Besucher erkennt. Er bahnt sich den Weg zur Glaskutsche, in der das Fräulein sitzt, und wirft ihr eine Nachricht in den Schoß. Unverzüglich solle sie den Schmuck unter irgendeinem Vorwand in die Werkstatt Cardillacs geben. Ihr Leben hinge davon ab. Am Tag darauf wird sie jedoch durch den Besuch bekannter Künstler abgehalten, der dringenden Bitte nachzukommen. Als sie sich dann am nächsten Tag aufmacht, trifft sie eine aufgebrachte Menschenmenge vor dem Haus des Goldschmieds an, die fanatisch den Tod des Mörders fordert. In der Gegenwart Desgrais' wird ein junger Mann in Ketten aus dem Haus geführt, der in der Scuderi die Erinnerung an eine lieb gewordene Vergangenheit weckt. Es handelt sich um den Goldschmiedgesellen Olivier Brusson, dem vorgeworfen wird, seinen Meister erstochen zu haben. Madelon, die Tochter Cardillacs, die die Unschuld ihres Geliebten Olivier beteuert, gerät in den Verdacht der Komplizenschaft. Das Fräulein entzieht sie dem Zugriff Desgrais', indem sie das Mädchen zu sich nimmt. Zu Hause erzählt ihr Madelon, dass Olivier sie in der Nacht zu dem sterbenden Vater geholt habe, der bei einem nächtlichen Gang mit dem Gesellen niedergestochen worden sei. Sterbend habe er ihre und die Hand Oliviers ineinander gelegt. Da auch weitere Erkundigungen den Bericht Madelons bestätigen, ist die Scuderi von der Unschuld Oliviers überzeugt und entschließt sich, ihn zu retten.

Verhaftung des Goldschmiedgesellen Olivier Brusson: Verdacht des Mordes an Cardillac

Das Fräulein von der Unschuld Oliviers überzeugt

Ihr erster Versuch, den Polizeipräsidenten la Regnie von der Unschuld des Beschuldigten zu überzeugen, schlägt fehl. Allzu erdrückend erscheinen die Indizien, obwohl ein überzeugendes Tatmotiv fehlt. Immerhin hören die Raubmorde nach der Verhaftung auf, was la Regnie vermuten lässt, dass Olivier ein Mitglied, wenn nicht gar der Anführer der Mörderbande gewesen sei. In der Scuderi, nachdem sie Olivier in Ketten gesehen und in ihm den jungen Mann, der ihr die Nachricht überbrachte, erkannt hat, beginnen sich Zweifel an dessen Unschuld zu regen. Olivier selbst besteht darauf, nur dem Fräulein gegenüber ein vollständiges Geständnis abzulegen.

Olivier will vor der Scuderi ein Geständnis ablegen

In der Nacht bringt man ihn ohne Fesseln in das Haus der Scuderi. Dort offenbart er ihr, dass er der Sohn Anne Guiots sei, die, aus verarmter Familie, bei dem Fräulein wie ein eigenes Kind aufgewachsen war und später den aus Genf gebürtigen Uhrmachermeister Claude Brusson geheiratet hatte. Noch deutlich sind Oliviers Erinnerungen an seine Kindertage und an das Fräulein, das ihn damals verwöhnte. Vor 23 Jahren zogen die Brussons nach Genf, nachdem die Konkurrenz in Paris dem Uhrmachermeister zu schaffen gemacht hatte. Aber auch in Genf blieb der geschäftliche Erfolg aus. Aus Beschämung hätten sich seine Eltern nicht wieder gemeldet. Er selbst ergriff noch in Genf den Beruf des Goldschmieds. Als er von Cardillac, dem besten Goldschmied seiner Zeit hörte, begab er sich zu ihm in die Lehre – zurück nach Paris. Seine Liebe zu Madelon wurde ihm zum Verhängnis. Cardillac setzte ihn vor die Tür. In der Nacht trieb ihn die Sehnsucht zum Haus der Geliebten. Da trat Cardillac aus einer in die Mauer eingelassenen Geheimtür heraus, verbarg sich in einem Hauseingang und stürzte sich kurz danach auf einen vorübergehenden Edelmann, den er vor den Augen Oliviers erstach. Später suchte Cardillac den entsetzten Olivier auf und bewog ihn, indem er ihm die Liebe Madelons vorstellte, wieder zurückzukehren.

Der Tochter des Goldschmieds, die ihren Vater liebte und auch Olivier ihre Liebe gestand, vermochte er das schreckliche Geheimnis nicht zu offenbaren. Eines Tages erzählte ihm Cardillac die Geschichte seiner persönlichen Verstrickung. Als seine Mutter im ersten Monat mit ihm schwanger ging, war sie im Trianon, einem Lustschloss in Versailles, einem spanischen Edelmann mit einer glänzenden Juwelenkette begegnet. Der Mann hatte schon früher versucht, die Mutter zu verführen, und die von dem Schmuck faszinierte Frau an einen einsamen Ort gelockt. Als er sie umarmt und sie nach dem Schmuck gegriffen hatte, war er vom Schlag getroffen worden. Man hatte sie aus den Armen des Toten befreien müssen. Mit diesem Vorfall brachte Cardillac seinen bösen Stern in Verbindung, der ihn trieb, einmal gefertigten und verkauften Schmuck um jeden Preis wieder an sich zu bringen, und koste es das Leben des Kunden. Im Keller zeigte er Olivier die Schmuckstücke mit den beigefügten Informationen darüber, wann und wie er sie wieder in seinen Besitz gebracht hatte. Er bat Olivier, seinen schönsten, einst für eine englische Prinzessin gearbeiteten Schmuck der Scuderi als Geschenk zu überbringen, die er wegen ihrer Tugend über alles verehrte und deren Rechtschaffenheit über seinen bösen Stern triumphieren müsste. Von ihr versprach er sich Befreiung und Erlösung. Olivier übernahm den Auftrag, wurde aber beim Fräulein, dem er alles gestehen wollte, nicht vorgelassen. Als der Schmuck, den er der Scuderi geschenkt hatte, Cardillac doch wieder umzutreiben begann, versuchte Olivier, das Fräulein zu warnen. Doch bevor es zum Schlimmsten kam, wurde Cardillac bei einem seiner nächtlichen Überfälle selbst von einem seiner Kunden, einem Offizier der königlichen Garde

Cardillac erzählt Olivier seine Geschichte

niedergestochen. Olivier ist entschlossen, kein öffentliches Geständnis abzulegen, um Madelon zu verschonen und ihr die liebevolle Erinnerung an den Vater zu erhalten. Entschieden weist Olivier die Beschuldigung zurück, seinen Meister getötet zu haben.

Obwohl die Scuderi nun von der Unschuld Oliviers weiß, sind ihr alle Hände gebunden. Zwar versichert sie la Regnie der Unschuld des Beschuldigten und versucht auch, einen Anwalt einzuschalten, aber ohne ein öffentliches Geständnis sind alle Versuche vergeblich. Olivier erwartet die Tortur. Da meldet sich der Graf von Miossens, ein Obrist der königlichen Garde, bei der Scuderi. Er ist es, der Cardillac in der fraglichen Nacht niedergestochen hat. Doch will er sich aus Furcht vor der Untersuchungsbehörde nicht offenbaren. Erst die beherzte Intervention der in Schwarz gekleideten, mit den Juwelen Cardillacs geschmückten Scuderi beim König, dem sie das schreckliche Geheimnis enthüllt, erwirkt den Freispruch Oliviers, ohne dass Madelon und die Gesellschaft von den Untaten des Goldschmieds erfahren. Einer Heirat Oliviers mit Madelon steht nun nichts mehr im Wege, zumal der König Madelon einen Brautschatz von 100 Louisdors gewährt, allerdings mit der Auflage, dass das junge Ehepaar Paris verlässt. Olivier zögert nicht, dieser Anordnung Folge zu leisten, allein schon, um den schlimmen Erinnerungen zu entkommen. In Genf avanciert er zu einem erfolgreichen Goldschmied.

Der Mörder meldet sich: Freispruch Oliviers

Bald nach diesen Ereignissen wird die Nachricht verbreitet, dass ein reuiger Sünder unter dem Siegel der Beichte einen reichen, geraubten Juwelenschatz übergeben habe. Diejenigen, die den Überfall überlebt haben, erhalten ihr Eigentum zurück.

Personenkonstellation

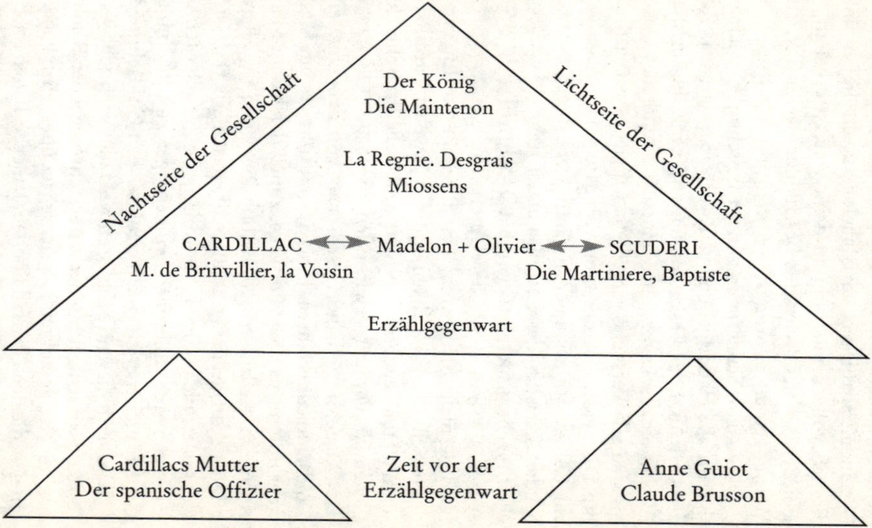

3. Personen

In geschichtlicher Brechung entwirft Hoffmann im Bild der vorrevolutionären französischen Gesellschaft auf dem Höhepunkt des Absolutismus ein gesellschaftliches Modell der Zeit wenige Jahrzehnte nach der Revolution. Die Autorität des Königs ist unangefochten, wie denn die Romantiker das monarchische Prinzip niemals ernsthaft in Frage gestellt haben. Ludwig XIV. ist der vorbildliche Herrscher, der den Schutz der Gesellschaft und des Staats als seine oberste Aufgabe ansieht und alles tut, ihr gerecht zu werden. Verantwortungsbewusst wacht er über die polizeilichen Ordnungskräfte, entschlossen, jegliche Machtwillkür zu beschneiden und die Gesetzgebung den tatsächlichen Erfordernissen anzupassen. Fern von einsamen Entscheidungen, geht er um Rat bei anderen ein und wägt die vorgebrachten Argumente. Sein menschliches Profil und sein soziales Verantwortungsgefühl lassen ihn als idealen Monarchen erscheinen.

Vorrevolutionäre Gesellschaft Modell der eigenen Zeit

Und doch drohen die dunklen Seiten des gesellschaftlichen Lebens den Staat und die Autorität des Königs unheilvoll zu erschüttern, allem Streben nach Ordnung Hohn zu sprechen und die Bürger im Chaos versinken zu lassen. Heimtückische Giftmörder finden ihre Opfer. Der Marquise de Brinvillier und ihrer Nachfolgerin la Voisin gelingt es, Angst und Schrecken zu verbreiten und die Fundamente einer scheinbar beschützten und befriedeten Gesellschaft ins Wanken zu bringen. Der König und seine Ordnungskräfte scheinen ohnmächtig hineingezogen in den Sog des Verbrechens. Ordnung droht unterzugehen im Chaos. Das

Vertrauen auf die schützenden Kräfte weicht der namenlosen Angst. Die Verbrechensverfolgung entartet angesichts der fatalen Lage zu einer Blutjustiz, der Schuldige wie Unschuldige zum Opfer fallen. Die Listen der Giftmörderin la Voisin offenbaren ein unglaubliches Maß an Korruption selbst in den angesehenen gesellschaftlichen Schichten.

Erst die Romantiker hatten nach den deprimierenden Revolutionserfahrungen den Mut, in die Abgründe einer scheinbar geordneten Gesellschaft zu blicken, die zerstörerischen Kräfte im Menschen offenzulegen. In diesem vergifteten Klima zwischen verbrecherischer Gewissenlosigkeit und polizeilicher Willkür in einer von Grund auf fragwürdigen Gesellschaft setzt die Haupthandlung der Novelle ein. Nahtlos schließen sich die Raubmorde an die Giftanschläge an.

Der Goldschmied Cardillac

Der Goldschmied **Cardillac** ist der Wolf im Schafspelz, der Verbrecher in der Maske des ehrbaren, angesehenen Bürgers, der scheint, was er nicht ist, und der ist, was er nicht scheint. Eine Gestalt, an der die sozialen Urteile sich in ihrer Scheinhaftigkeit und Ungesichertheit offenbaren, so dass die latente Bedrohung der bürgerlichen Gesellschaft hervortritt. Cardillac mordet, getarnt unter dem Deckmantel des Biedermanns. Er ist weniger der Künstler als ein pathologischer Fall mit fatal gestörter Ich-Identität. Regelmäßig entäußert er einen Teil seines Selbst in die Schmuckstücke, die er anfertigt, und empfindet den Verkauf seiner Produkte als nicht zu verschmerzenden Ich-Verlust. Damit begibt er sich in die Abhängigkeit von toten Dingen, die ihm zu einer Art Fetisch seiner pathologischen Persönlichkeit werden und die, einmal entäußert, auf jeden Fall wiedererlangt werden müssen.

Geprägt ist er vom Verhalten der Mutter, die, schwanger mit dem Sohn, von der Juwelenkette eines spanischen Kavaliers so in den Bann geschlagen wird, dass sie diese selbst um den Preis der körperlichen Hingabe an sich bringen muss. Wonach sie aber zu ihrer Selbstwertsteigerung leidenschaftlich verlangt, bringt sie beinahe um den Verstand und droht sie zu vernichten. Unheilvoll wirkt sich der Einfluss der toten Pracht und der plötzliche Tod des Kettenträgers auf das Kind in ihr aus. Objektbindungen, das Habenwollen um jeden Preis, weil man glaubt, ohne das bloß Materielle nicht leben zu können, entstellen das Menschliche und legen die Grundlage für das Verbrechen. Das durch nichts aufzuhaltende Streben nach Besitz führt zur Überordnung des Scheinwerts über die eigentlichen Werte des Geistig-Seelischen und des Sittlich-Sozialen.

In Cardillac zeichnet Hoffmann das Porträt des Verbrechers, der Leben zerstören muss, um sein pervertiertes Ich zusammenzusetzen aus seinen mit Gewalt zurückgewonnenen Produkten, die an die Stelle des Produzenten treten. Cardillacs Juwelenkabinett mit den Geschmeiden, an denen das Blut der Opfer klebt, ist die Schreckenskammer unterbewusster Obsessionen, die in das Bewusstsein eindringen und den Besessenen zu zwanghaften Handlungen treiben. Was die Mutter bereits an den Rand des Todes brachte, bringt den Sohn schließlich um.

Madeleine de Scuderi

Seine Gegenspielerin ist die zu ihrer Zeit berühmte französische Schriftstellerin **Madeleine de Scuderi** (1607–1701), die, vom König und der Maintenon begünstigt, vorbildlich soziales Verhalten verkörperte und in ihren Schriften darstellte, insbesondere in ihren *Conversations* (ab 1680). In ihrem Haus verkehrten die bedeutendsten Dichter der Zeit, unter ihnen der Dramatiker Jean Racine (1639–99) und der Dichter und Kunsttheoretiker Nicolas Boileau (1636–1711). Die Scuderi ist mit ihrer Rechtschaffenheit, ihrer Menschenliebe und ihrem sittlichen Glauben an das Wahre und Gute die ideale Vertreterin der stilvollen, urbanen Gesellschaft im Zeitalter Ludwigs XIV. In ihr gewinnen die Kräfte des Geformten und der Ordnung vorbildhaft Gestalt.

Zwischen ihr und Cardillac spielt sich der dramatische Kampf zwischen Ordnung und Chaos ab. Parallel zu Cardillac steht auch ihr Leben mit einer weit zurückliegenden Vergangenheit in Verbindung. Während Cardillac aber durch die Begierde seiner Mutter nach den Juwelen negativ geprägt wird, offenbart das vergangene Leben der Scuderi ihr soziales Verantwortungsgefühl und ihre Menschlichkeit. Anne Guiot, ihre Pflegetochter von damals, ist die Mutter **Oliviers**, in dem die Gutherzigkeit des Fräuleins lebendig geblieben ist und ihn menschlich mitgeformt hat. Der Kampf entzündet sich an dem Schicksal des **Liebespaars Madelon** und **Olivier**. Madelon glaubt bis zuletzt an die Güte ihres Vaters, zumal Olivier alles tut, ihr diesen Glauben zu erhalten. Ihre Liebe bleibt auch dann ungebrochen, nachdem ihr Vater den Gesellen hinausgeworfen hat. Olivier, in Verdacht, den Meister getötet zu haben, findet in der Scuderi eine beherzte Anwältin, die nach vorübergehenden Zweifeln von der Unschuld des Sohns ihrer Pflegetochter überzeugt ist und alles daransetzt, ihn zu rehabilitieren. Madelons unerschütterliche Liebe und das nicht minder unerschütterliche Vertrauen der Scuderi in die Unschuld Oliviers entscheiden den Kampf für die Seite der Menschlichkeit und der Ordnung gegen die Kräfte des Verbrecherischen und Chaotischen. Die erfüllte Liebe des jun-

Das Liebespaar Madelon und Olivier

gen Paars ist die Prämie für ihr unerschrockenes persönliches Verhalten.

Bei der Scuderi laufen alle Fäden zusammen. Ihr gegenüber legt Olivier ein vollständiges Geständnis ab, und ihr vertraut sich der Graf Miossens an, der den Goldschmied in Notwehr erstochen hat. Sie ist es letztlich, die beim König den Freispruch Oliviers erwirkt und sich dafür einsetzt, dass Madelon den kindlichen Glauben an den Vater bewahrt und die Gesellschaft von den wahren Hintergründen nichts erfährt. In der Hochzeit von Madelon und Olivier scheinen die Liebe über die Gewalt, die Ordnung über das Chaos und das Menschliche über das Verbrechen zu triumphieren.

Doch über das Schreckliche wird nur der Schleier des Verschweigens gebreitet. Weder Madelon wird über ihren verbrecherischen Vater aufgeklärt noch erfahren diejenigen, die den Überfall überlebten und den geraubten Schmuck zurückerhalten, etwas über den wahren Täter und seine Motive. Stattdessen verbreitet man die gezielte Fehlinformation, ein reuiger Sünder habe »unter dem Siegel der Beichte der Kirche einen reichen geraubten Schatz an Juwelen und Geschmeide übergeben« (75). Mühsam erhält man den Glauben an das Gute und an die reuige Umkehr des Bösen aufrecht, um den Schein einer menschlichen Gesellschaft zu bewahren.

Der Leser aber weiß durch die verbrecherische Taten häufende Darstellung, dass Verbrecher wie die Brinvillier und die la Voisin und schließlich auch Cardillac immer wieder auftreten und Grauen und Angst verbreiten werden. Die Verbrecher und die Verbrechen lassen sich für einige Zeit vergessen und verdrängen, endgültig zu besiegen aber sind sie nicht. Der Konflikt und der offene Kampf zwischen den aufbauenden und zerstörerischen Kräften in der menschlichen Gesellschaft dauern an, solange es Menschen gibt. Sittliches Engagement, Entschlossenheit, für den Menschen und seine soziale Ordnung einzutreten, sind vonnöten, um das Schlimmste, das Versinken in das Chaos abzuwenden. Die Zeit nach der Revolution hatte den idealistischen Glauben an das allumfassend Gute zu Grabe getragen. Unübersehbar waren angesichts der revolutionären Gräuel die dämonischen Seiten des Menschen. Die Sehnsüchte nach einer befriedeten Gesellschaft aber waren geblieben. In der Scuderi zeichnet Hoffmann das Bild eines Menschen, der allein durch sein sittliches Engagement und sein Vertrauen in den Menschen die Ordnung zumindest vorübergehend dort wiederherstellt, wo der König dem Chaos bereits ohnmächtig gegenübersteht. Sie ist es, die den romantischen Glauben an das Überleben der menschlichen Gemeinschaft durch das Zusammenwirken des Staats mit dem Einzelnen, des Kollektivs mit dem engagierten Individuum aufrechterhält.

Daher trägt die Novelle ihren Namen und nicht den Cardillacs. Abwegig ist es, in ihm das Abbild des tragisch zerrissenen romantischen Künstlers zu sehen. Sein böser Stern ist nicht das Stigma eines problematischen genialischen Künstlertums, sondern die heillose Besessenheit von seinem verbrecherischen Instinkt. Als Verbrecher ist Cardillac der Widersacher des Menschen, ein Teufel in Menschengestalt, der, das Tote vergötzend, das Lebendige verrät und mit Untergang bedroht.

Teufel Cardillac
Lichtgestalt Scuderi

Die Scuderi ist die eigentliche Lichtgestalt der Novelle, die die Dunkelheit der Nacht, in der sich Cardillac bewegt und mordet, aufhellt und die Ordnung des Tages hervortreten lässt. Für ihren entscheidenden Gang zum König kleidet sie sich in eine schwarze Robe und legt den glänzenden Juwelenschmuck Cardillacs an, der die Schwärze des Kleides überstrahlt und durch seine Trägerin zum Sinnbild glanzvoll triumphierender Menschlichkeit wird. Für einen überwältigenden Augenblick scheint der düstere Hintergrund im Licht des funkelnden Geschmeides vergessen, der Fluch der edlen Steine umgewandelt in eine sittliche Verheißung, die finstere Kehrseite des Lebens überdeckt von dem schönen Schein makelloser Tugend.

4. Werkaufbau, Gattung, Stil

Analytische Erzählung / Detektivgeschichte

E. T. A. Hoffmanns *Fräulein von Scuderi* ist weitgehend als analytische Erzählung im Stil der Detektivgeschichte angelegt. Ereignisse und Situationen werden erst im Nachhinein erklärt und für den Leser durchschaubar. Die Struktur von Fall und Aufklärung, Rätsel und Lösung führt zu einer häufigen Umkehrung des chronologischen Erzählverlaufs, indem eingefügte Rückwendungen vergangene Ereignisse vergegenwärtigen, die das Geschehen in der Erzählgegenwart beleuchten und erklären. Während das, was in der Gegenwart geschieht, durchweg szenisch dargestellt wird, holen Berichte und Erzählungen das Vergangene nach und verknüpfen es mit dem vorwärtsdrängenden Erzählverlauf. Das Zurückbleiben der Erklärungen hinter dem Erklärungsbedürftigen erzeugt eine nach Aufklärung verlangende Spannung.

Bereits die erste Szene um Mitternacht mit dem bedrohlichen Unbekannten, der ein geheimnisvolles Kästchen überbringen will, ist von unheimlicher Eindringlichkeit. Erklärungen sind ausgespart. Die erste Rückblende im Stil eines Polizeiberichts, als scheinbar retardierendes Moment zwischen der Übergabe des Kästchens und der Offenlegung seines Inhalts eingeschoben, erhöht die Spannung noch. Ist doch die Rede von unmittelbar zurückliegenden Gift- und Raubmorden, von durch und durch kriminalisierten Lebensumständen. Erst dieser Einschub steigert das Gefühl der Gefährdung nach dem Öffnen des Kästchens, das Juwelen der Art enthält, welche die kurz vorher berichteten Raubmorde veranlassten.

Erste Aufklärungsbemühungen der Scuderi führen nur scheinbar zum Ziel. Zwar gibt sich der Goldschmied Cardillac als der Urheber des Schmucks zu erkennen, aber die Geschichte, die er erzählt, stellt sich später als irreführend heraus. Noch ahnt der Leser nicht, dass er der gefürchtete Juwelenräuber ist. Stattdessen tut der Erzähler alles, ihn als ehrenwerten, hoch angesehenen Bürger darzustellen.

Nach einer ruhigen Phase, durch intensive Zeitraffung zusammengedrängt, spitzt sich die Handlung Schlag auf Schlag katastrophal zu. An die Warnung der Scuderi schließen sich unmittelbar die Ermordung Cardillacs und die Verhaftung Oliviers an. Die Ermordung des Goldschmieds scheint ihn einzureihen in die unschuldigen Opfer der Mordserie. Trotz Madelons Unschuldsbeteuerungen fällt der Hauptverdacht nun auf den Gesellen Olivier. Für die Polizei, deren Fahndungen bisher ins Leere gelaufen waren, ist der Fall geklärt, zumal die Morde schlagartig aufhören. Oliviers Geständnis scheint nur noch Formsache. Die Struktur von Fall und Aufklärung, charakteristisch für die Kriminalgeschichte, hat sich auf den ersten Blick erfüllt.

Struktur: Fall und Aufklärung

Olivier, kein anderer als der, der seinerzeit um Mitternacht das Kästchen überbracht hat, betritt in Polizeibegleitung zur gleichen Zeit wie damals noch einmal das Haus der Scuderi, die ihn inzwischen ebenfalls für schuldig hält. Allzu schwer belasten ihn die Indizien. Die effektvolle Wiederkehr des nächtlichen Geschehensrahmens tut dabei ihr Übriges. Doch erst seine Geschichte, die sich zu einer Art Binnenerzählung verselbstständigt, bringt die wirkliche Aufklärung. Cardillac ist der gesuchte Mörder, der Täter, der zum Opfer wurde. Deswegen hören die

Binnenerzählung: Cardillacs Geschichte

Morde nach seinem Tode auf. Noch aber fehlt eine Beglaubigung von Oliviers Enthüllungen, an denen der Leser nun allerdings kaum mehr zweifeln dürfte. Eine solche Beglaubigung schließt sich unmittelbar an. Der überfallene Offizier, der in Notwehr handelte, bringt die letzte Klarheit in die mysteriöse Mordserie.

Ende der Kriminalgeschichte und Happy End der Liebesgeschichte

Das Ende der Kriminalgeschichte bereitet das Happy End der Liebesgeschichte vor, die durch die verbrecherischen Wirren unterbrochen war. Der Freispruch Oliviers führt ihn wieder mit Madelon zusammen: Die Trennung der Liebenden ist endgültig überstanden. Den Abschluss bildet die Hochzeit. Das glückliche Zusammenleben aber wird nur kurz durch einen Zukunftsverweis angedeutet, der die harmonisch erfüllte Entwicklung aus der Erzählebene heraushebt. Der anklingende Wechsel des Erzählorts unterstreicht noch einmal die Gefährdung des Liebesglücks in Paris, an dem Ort, wo das Verbrechen die Liebe fundamental bedroht hatte. Genf, wohin sich Olivier und Madelon zurückziehen, erscheint in diesem Licht wie eine paradiesische Enklave, die in der Geschichte selbst keine Gestalt gewinnt. Die Erzählung kehrt abschließend konsequent nach Paris, an den Ort des vergangenen Verbrechens zurück, wo man den geraubten Schmuck der Öffentlichkeit wieder zugänglich macht und versucht, die Gesellschaft in Sicherheit zu wiegen. Das Kriminalgeschehen findet nach der Falldarstellung, nach Fahndung und Aufklärung seinen Abschluss im Bemühen einer teilweisen Wiedergutmachung und in der Rückkehr zum Rechtszustand, der zumindest vorläufig gesichert scheint.

Die zahlreichen Rückwendungen, die den chronologischen Erzählverlauf jeweils anhalten und zurückdrehen und so aus der horizontalen Erzählebene herausfallen, vertiefen die Kriminalgeschichte zur Novelle. Was im Kriminalgenre lediglich der Inszenierung von Spannung dient, verweist hier auf das schicksalhafte Verflochtensein der Gegenwart mit der Vergangenheit. Immer wieder holt sie den Einzelnen im Guten wie im Bösen ein und zieht ihn zur Verantwortung. Cardillacs böser Stern, aufgegangen bei der fatalen Begegnung seiner Mutter mit dem spanischen Kavalier, treibt ihn unerbittlich von Verbrechen zu Verbrechen und schließlich in den Untergang. Die fürsorgliche Liebe, die die Scuderi einst ihrer Pflegetochter angedeihen ließ, fordert noch einmal ihren ganzen Einsatz für deren Sohn, der schicksalhaft nach vielen Jahren in ihren Lebenskreis getreten ist.

Vertiefung der Kriminalgeschichte zur Novelle

Die Gegenwart des Vergangenen dominiert den Menschen. Das Gewesene bestimmt sein Handeln jetzt und hier. Klarheit kann immer nur der Blick zurück schaffen, er allein öffnet die Perspektive für das Weitergehende. Daher sind die wiederholten Rückwendungen nicht allein Elemente der Spannungserzeugung, sondern verweisen vor allem auf den in seiner und durch seine Zeit determinierten Menschen im Erzählkontext der Novelle. In diesen Zusammenhang gehören nicht zuletzt die Berichte von den den Raubmorden vorausgegangenen Giftanschlägen. Auch sie setzen den Einzelnen Gefährdungen aus, die, außerhalb seiner Kontrolle, sein Lebensklima negativ bestimmen und nach Jahren noch ein unbeschwertes, angstfreies Dasein in Frage stellen. Hoffmanns *Fräulein von Scuderi* ist eine Novelle

Rückwendungen: Spannungserzeugung und Determinierung durch die Vergangenheit

von der Ungesichertheit der menschlichen Gesellschaft und der Gefährdung menschlicher Existenz. Konsequent wird die Liebesgeschichte aus der eigentlichen Erzählebene herausgehoben, weil in der konkreten räumlichen Gegenwart im Rahmen des Erzählprozesses kein Platz ist für dauerhaftes Glück. Aus der Sicht der Novelle erscheint die ferne Liebeserfüllung wie ein Märchen, das den Zwängen des zentralen Erzählorts enthoben ist. Der Ortswechsel akzentuiert die Unvereinbarkeit des Wirklichen mit dem Wunderbaren.

Die wichtigsten novellistischen Merkmale sind mit der Kriminalstruktur verbunden. Die unerhörte Begebenheit ist der Kriminalfall selbst, der allem Vertrauen in die Sicherheit der Gesellschaft ein Ende setzt und die Menschen in Angst und Schrecken versetzt. Angesichts der sich ereignenden Verbrechen wird die Ohnmacht menschlichen Eingreifens offenbar. Die Aufklärung des Kriminalfalls geschieht weniger durch die polizeiliche Fahndung als durch überraschende Enthüllungen beteiligter Personen. Diese Enthüllungen markieren die jeweiligen Wendepunkte des Geschehens. Die rückwärts gewandten Erzählungen Madelons, des Grafen Miossens und insbesondere die Erzählung Oliviers bringen Licht in das Dunkel und lösen das Rätsel schließlich auf. Was sich bisher der Erkenntnis entzog, wird nun mit einem Mal durch effektvoll gesetzte Wendepunkte erkennbar. Zeitlich gesehen stellen die Wendepunkte Rückblenden dar, die das Ungelöste in der Erzählgegenwart schließlich auflösen und dem fortschreitenden Handlungsverlauf klare Ziele weisen. Erst rückwärts blickend, klärt sich an den die Handlung vorübergehend anhaltenden Wendepunkten der nach vorwärts gerichtete Blick auf.

Enthüllungen als Wendepunkte des Geschehens

Ding- oder Leitsymbol der Novelle ist der Schmuck aus dem geheimnisvollen Kästchen. Das Öffnen des Kästchens eröffnet sinnbildhaft das Geschehen. Durch den Schmuck wird die Handlung erst in Gang gesetzt. Unter kriminalistischem Aspekt ist er das Corpus Delicti, im weiteren Sinn das äußerlich wahrnehmbare Ziel des Verbrechens, sofern er als stellvertretend für all die Schmuckstücke angesehen wird, die Cardillac durch Bluttaten wieder in seinen Besitz gebracht hat. Auch der an die Scuderi ausgelieferte Schmuck droht zum Auslöser eines Verbrechens zu werden.

Schmuck: Ding- oder Leitsymbol der Novelle

Aber der Schmuck steht nicht nur symbolhaft für das Verbrechen, sondern in einer überraschenden Umdeutung am Ende auch für die Tugend. Indem ihn die Scuderi anlegt, verliert er seinen düsteren Aspekt und wird zum sinnbildlichen Ausdruck der Menschlichkeit, wie sie die Trägerin des Geschmeides vorbildlich verkörpert. Der Schmuck löst als echtes novellistisches Leitsymbol die Handlung aus, treibt sie voran und führt sie schließlich zu einem entspannenden Ende. In der sittlichen Umdeutung der symbolisch verwendeten Juwelen scheint der Konflikt bewältigt, der durch sie ausgelöst wurde.

*Schmuck steht für Verbrechen **und** Tugend*

Auffällig ist im Erzählrhythmus der Wechsel von dialogischen und monologischen Partien. Mit einer dialogischen Szene setzt das Geschehen ein, undurchsichtig, geheimnisvoll und erregend. Auch die nachfolgenden Gesprächsszenen, sei es das Gespräch der Scuderi mit ihren Bediensteten, ihr Austausch mit der Maintenon oder ihre Begegnung mit Car-

Erzählrhythmus: Wechsel von dialogischen und monologischen Partien dillac, bringen keine Klarheit. Dies gilt im weiteren Verlauf gleichermaßen für das Aufeinandertreffen der Scuderi und Oliviers auf dem Pontneuf wie für die Gespräche mit dem Polizeichef La Regnie. Unklarheiten, Zweifel, Mutmaßungen, Irreführungen und unbewiesene Bezichtigungen herrschen in den Szenen vor, in denen die Personen in Rede und Widerrede agieren. Der objektive Darstellungsstil, charakteristisch für novellistisches Erzählen, lässt keine tieferen Einblicke in die Hintergründe der Handlung zu. Das sich Ereignende bleibt von Geheimnissen umgeben.

Den Dialogpartien stehen Berichte und monologische Erzählungen in der Ich-Form gegenüber. Der Polizeibericht über die Giftanschläge basiert auf gesicherten Ermittlungsergebnissen und vermag dabei in einem referierenden Rückblick Klarheit zu schaffen. Im Grunde jedoch ist er nur atmosphärisch mit dem eigentlichen novellistischen Geschehen verbunden, indem er das allgemein kriminalisierte Klima hervorhebt. Entscheidend für die Haupthandlung sind die drei eingefügten rückblendenden Ich-Erzählungen, unter denen die Erzählung Oliviers die umfangreichste und wichtigste ist.

An die Stelle der vorherrschenden objektiven Erzählweise tritt hier eine betont subjektive Perspektive, die aber den Anspruch auf Authentizität, auf die Echtheit des Erlebens erhebt. Durch die gewählte Ich-Form gewinnen die einzelnen Darstellungen den Charakter von Augenzeugenberichten. Sie erst sind in der Lage, Licht in das Dunkel zu bringen und die Geheimnisse zu enthüllen. Zwischen Verhüllen und Enthüllen, der Fiktion objektiver Berichterstattung und der Fiktion subjektiver Authentizität bewegt sich der Erzählrhythmus der Novelle.

Augenzeugenberichte

Die polare Erzählspannung kommt nicht zuletzt in den Hell-Dunkel-Kontrasten zum Ausdruck.

Erzählspannung durch Hell-Dunkel-Kontraste

Um Mitternacht versucht der Unbekannte, in das Haus der Scuderi einzudringen. Am Morgen darauf wird das Kästchen geöffnet und sein Inhalt im Licht des Tages sichtbar. Wiederholt wird der Morgen dem Handeln der Scuderi zugeordnet. Um diese Tageszeit versammeln sich die Künstler in ihrem Haus und am Morgen darauf begibt sie sich zum Haus des Goldschmieds, wo sie Olivier in Fesseln begegnet. Die mörderischen Aktivitäten Cardillacs, ihres Gegenspielers, ereignen sich in der Nacht. Auch der zweite Besuch Oliviers im Haus der Scuderi findet um Mitternacht statt. Nachdem Olivier seine enthüllende Erzählung geendet hat, heißt es bezeichnenderweise: »Die hellen Strahlen des Morgens brachen durch die Fenster« (63). In der Erzählung des Grafen Miossens ist es das helle Mondlicht, das die Identität des mörderischen Goldschmieds preisgibt. »Außer dem«, so führt der Graf aus, »dass ich in der mondhellen Nacht den Goldschmied recht gut erkannte« (68).

Deutlich unterstreichen die Hell-Dunkel-Kontraste die novellistische Struktur zwischen Verhüllen und Enthüllen und akzentuieren darüber hinaus die Spannung zwischen Verbrechen und Menschlichkeit. Das helle Licht der Edelsteine überstrahlt das Schwarz der Robe, die die Scuderi für ihren Besuch beim König angelegt hat, dem sie das Geheimnis zu enthüllen entschlossen ist. »Da blitzten ihm die köstlichen Diamanten des Halsbands, der Armbänder ins Auge« (70). Über die dunkle Seite des Lebens, über Täuschung und Verstellung triumphiert das überwältigende Licht der Wahrheit.

Erzählaufbau

Zukunft										Zukunftsverweis: Oliviers und Madelons ferneres Leben	
Gegenwart	Besuch Oliviers, Das Kästchen		Der Schmuck, Scuderi/Cardillac, Die Nachricht, Tod Cardillacs, Verhaftung Oliviers, Scuderi/Madelon		Scuderi/Olivier		Gescheiterte Befreiungsversuche		Gelungener Befreiungsversuch		Auftauchen des geraubten Schmucks
Vergangenheit		Bericht: Giftanschläge, Raubmorde		Madelons Erzählung		Oliviers Erzählung		Miossens' Erzählung			
Zeitablauf	Herbst 1680		Mehrere Monate						Ein Monat		Ein Jahr Um 1682

5. Wort- und Sacherläuterungen

3,2 **Magdaleine von Scuderi:** Madeleine de Scudery (1607–1701), französische Schriftstellerin, die mit geistreichen Versen und historischen Romanen hervortrat, die als Kodex gesellschaftlicher Umgangsformen Beachtung fanden. Lesenswert sind weiterhin ihre *Conversations* (1680ff.), psychologische Beobachtungen und Betrachtungen über menschliche Verhaltensweisen.

3,3 **Ludwigs des XIV.:** Ludwig XIV. (1638–1715), König seit 1643, regierte ab 1661 als der »Sonnenkönig« in seiner Residenz in Versailles, Hauptvertreter des europäischen Absolutismus.

3,4 **Maintenon:** Françoise d'Aubigné (1635–1719), zunächst Mätresse, seit 1684 Gattin Ludwigs XIV.

4,23 **›Clelia‹:** Scuderys erfolgreicher Roman *Clélie* erschien 1654–60 in 10 Bänden. Hoffmanns Erwähnung ist anachronistisch, da er die Novelle 1680 beginnen lässt.

5,23 **Stiletts:** Stilett: (ital.) kleiner Dolch.

6,14 **Greveplatz:** öffentlicher Hinrichtungsplatz über 1789 hinaus, vor dem heutigen Pariser Rathaus gelegen.

6,22f. **Marechaussee:** berittene Polizei.

8,25 **Sublimieren:** Verfeinern.

8,35 **Bastille:** berüchtigtes Staatsgefängnis in Paris.

9,29 **Hotel Dieu:** das Krankenhaus neben Notre-Dame.

10,6 ***poudre de succession*:** wörtl.: Erbschaftspuder; gemeint ist das Gift, das den aus dem Weg räumt, dessen Posten man begehrt.

10,11 **Phiole:** Kugelförmige Flasche mit langem Hals.

11,25 **Chambre ardente:** im weiteren Sinne die speziell zur Verfolgung der Kapitalverbrechen gegründete Behörde, im engeren Sinn der schwarz ausgeschlagene Sitzungssaal der Behörde, der von einer Fackel beleuchtet wurde.

12,16 **Pair:** Mitglied des höchsten französischen Adels.

12,19 **Louvois':** François Michel le Tellier, Marquis de Louvois (1641–91), Kriegsminister Ludwigs XIV.

13,28 **Argenson:** Marc René de Paulmy, Marquis d'Argenson, Polizeidirektor von Paris.

14,26 **Louvre:** Stadtschloss des französischen Königs in Paris am rechten Seineufer, seit 1793 Museum; berühmte Gemäldegalerie.

17,8 **Herkules:** Sohn des Zeus, berühmt wegen seiner zwölf Heldentaten, unter ihnen die Erlegung der Hydra, der Lernäischen Schlange.

17,9 **Theseus:** Mit Hilfe von Ariadne tötet der Sohn des Königs von Athen den Stiermenschen Minotaurus auf Kreta.

17,18 **Panegyrikus:** hier: die überschwängliche, persönliche Lobrede in Gedichtform.

18,7 **Supplik:** Bittschrift.

18,12f. **»Un amant ... d'amour«:** Ein Liebender, der die Diebe fürchtet, ist der Liebe nicht würdig.

18,17 **»Beim heiligen Dionys ...«:** Der heilige Dionysius gründete die erste christliche Gemeinde in Paris.

19,25 **die eitle Montespan:** Françoise Athénais, Marquise de Montespan (1641–1707), eine der Geliebten Ludwigs XIV.

23,5 **Louis:** gebräuchliche Abkürzung für Louisdor (7,47 g Gold), geprägt unter Ludwig XIII., später ersetzt durch das 20-Franc-Stück.

24,36 **Emblemen:** von lat. *emblema*: Sinnbildern.

24,37 **Racine:** Jean Racine (1639–99), klassischer französischer Dichter, trat vor allem mit Tragödien wie *Iphigénie en Aulide* (1674) und *Phèdre* (1677) hervor.

26,36 f. **schön wie die Marquise de Fontange:** Marie Angélique de Scoraille de Roussille, Duchesse de Fontanges (1661–81), Geliebte Ludwigs XIV.

29,9 **Boileau Despreux:** Nicolas Boileau-Despréaux (1636–1711), bedeutender Literaturtheoretiker, gab 1674 seine richtungsweisende *L'Art poétique* heraus.

29,14 **Pontneuf:** eine der Seinebrücken in Paris.

31,4 **la Chapelle:** Jean de la Ch. (gest. 1723), Finanzeinnehmer, schrieb Trauerspiele in der Art Racines (24,37).

31,11 **der architektische Doktor Perrault:** Claude Perrault (1613–88), Arzt und bedeutender Architekt, entwarf die Fassade des Louvre.

32,35 **Conciergerie:** das Pariser Untersuchungsgefängnis.

33,18 **Serons:** der Arzt von Louvois (12,19); man verdächtigte ihn, seinen Patienten vergiftet zu haben.

34,28 **Eidam:** Schwiegersohn.

48,16 **Muhme:** Tante.

55,4 **Trianon:** Gemeint ist hier der Grand Trianon, ein Lustschloss, das Ludwig XIV. 1687/88 für Frau von Maintenon im Park von Versailles erbauen ließ.

58,25 **Horts:** Schatzes.

59,21 f. **Henriette von England:** Henriette Anna (1644–1670), Tochter Karls I. von England, verheiratet mit Herzog Philipp von Orléans, einem Bruder Ludwigs XIV. Sie starb im Alter von 26 Jahren, eine Vergiftung ist nicht auszuschließen, da sie von ihrem Mann in der dynastisch geschlossenen Ehe missachtet und als Hindernis empfunden wurde.

60,15 **Kirche St. Eustache:** Kirche in der Nähe des Palais Royal.

65,8 f. **»Le vrai … vraisemblable«:** Zuweilen wirkt selbst Tatsächliches unwahrscheinlich, aus Boileaus *L'Art poétique*.

72,9 **la Valliere:** Louise-Françoise de la Baume le Blanc, Duchesse de la Vallière (1644–1710), Geliebte Ludwigs XIV., ging 1675 ins Kloster.

72,30 **Sœur Louise de la miséricorde:** Schwester Louise von der Barmherzigkeit.

72,31 **Karmeliternonnen:** der weibliche Zweig des 1247 nach dem Vorbild der Franziskaner gegründeten Bettelordens.

6. Interpretation

Hoffmanns Erzählung *Das Fräulein von Scuderi* erschien 1819 im Taschenbuch für das Jahr 1820, das den Titel *Der Liebe und Freundschaft gewidmet* trug. Im Jahr darauf nahm sie Hoffmann in den dritten Band der *Serapions-Brüder* auf, der gesammelte Erzählungen und Märchen enthielt. Dort wird sie von Sylvester den Freunden vorgelesen. Hinter ihm verbirgt sich Hoffmanns Freund Carl Wilhelm Contessa, der 1814 in seiner Erzählung *Der Todesengel* den Goldschmied Trymm auftreten ließ, eine Figur, die Hoffmann für die Gestaltung Cardillacs zweifellos anregte.

Quellen:

Im Anschluss an die Lesung der Novelle gibt Ottmar die Anekdote vom »venezianischen Schuster« zum Besten, die als eigenständige Quelle bisher jedoch nicht nachgewiesen werden konnte. Es ist die Geschichte von einem alten Schuster, »den die ganze Stadt für einen fleißigen frommen Mann hielt und der der verruchteste Mörder und Räuber war. So wie Cardillac schlich er sich zur Nachtzeit fort aus seiner Wohnung und hinein in die Paläste der Reichen. In der tiefsten Finsternis traf sein sicher geführter Dolchstoß den, den er berauben wollte, ins Herz, so dass er auf der Stelle lautlos niedersank.«[2] Aufhorchen lässt der ausdrückliche Vergleich des Schusters mit Cardillac. Bereits in der Quelle geht es nicht um den Künstler, sondern um einen Verbrecher. Den Goldschmied als Typ eines Künstlers zu sehen, ist schon deswegen abwegig, weil er wie der Schuster in erster Linie Handwerker ist.

Als Anregung hat Hoffmann vor allem die *Nürnberger Chronik* von Johann Christoph Wagenseil aus dem Jahr

Nürnberger Chronik

1697 gedient. Dort wird von Dieben berichtet, die zur Nachtzeit die Liebhaber auf ihrem Weg zu ihren Geliebten überfallen. Hier fand Hoffmann auch die von der Scuderi zitierten französischen Verse.

Pitaval

Aus dem *Pitaval*, eine von dem französischen Rechtsgelehrten François Pitaval herausgegebene Sammlung berühmter Kriminalfälle (*Causes célèbres et intéressantes*, 20 Bde., 1734ff. Dt. 9 Bde., 1747–68), waren Hoffmann die Giftmischerinnen Brinvillier und die Voisin sowie die Nachricht von der Herstellung unauffälliger Gifte bekannt. Schon die Quellenlage zeigt also, dass Hoffmann vor allem eine Kriminalgeschichte vorschwebte, die er dann aus den erwähnten Anregungen entwickelte.

Der Verbrecher: Prototyp des entstellten Menschen

Sein Hauptaugenmerk richtete er auf den negativen Helden des Genres, den Verbrecher, Prototyp des entstellten, von zerstörerischen Antrieben beherrschten Menschen. Der vorausgeschickte Bericht von den heimtückischen Giftanschlägen entwirft den kriminalistischen Hintergrund, auf dem im Folgenden dann auch die Geschichte Cardillacs angesiedelt ist. Zwischen den Giftmörderinnen und dem Raubmörder wird so von vornherein ein unmissverständlicher Zusammenhang geknüpft.

Aufregend und beunruhigend ist der furiose Auftakt. Dunkel und undurchsichtig wie die Mitternacht, in der die Szene spielt, bleiben die Identität des jungen, mit einem Dolch herumfuchtelnden Mannes und das Kästchen, das er zurücklässt. In Frage gestellt sind von Anfang an der Frieden des kleinen Hauses in der Rue Honoré und die Sicherheit seiner Bewohner. Beunruhigend dringen das Unbekannte und Unheimliche ein. Am Morgen danach ist die Welt nicht mehr, wie sie war. Der Schmuck gibt Rätsel auf und setzt die Scuderi angesichts der zahlreichen immer auf kostbare Juwelen gerichteten tödlichen Raubmorde unwägbaren Gefahren aus. Das bisherige bürgerliche Leben scheint aus den Fugen.

Das Streben nach Aufklärung der rätselhaften Vorgänge stellt die Sicherheit nicht wieder her, da Zweifel und Fragen bleiben. Cardillac, der geachtete Bürger und bewunderte Goldschmied, gibt sich als Schöpfer des fraglichen Schmucks zu erkennen, der ihm, wie er vorgibt, gestohlen worden sei. Aber die Scuderi beruhigt dieser Hinweis keineswegs, zumal das Äußere des Mannes wenig für ihn einnimmt und vor allem sein überspanntes, unbeherrschtes Verhalten eher verwirrt und abstößt. Unangemessen und unmotiviert ist das kostbare Geschenk des Schmucks, den er der Scuderi ausdrücklich anträgt. Mit Charme und Witz versucht man die Abgründe zu verdecken, die sich plötzlich aufgetan haben. In geistreicher Ironisierung erscheint die 73-jährige Scuderi als Goldschmiedbraut, eine Rolle, die sie augenzwinkernd in einem Gedicht übernimmt.

Scheinbar beruhigt sich die Szene nach den geschilderten Vorfällen. Monate vergehen, ohne dass Aufsehenerregendes geschieht. Doch es ist die Ruhe vor dem Sturm. Eine mysteriöse Nachricht, überbracht von ebendemselben jungen Mann, der das Kästchen zurückließ, bereitet der Lustfahrt der Scuderi in der Glaskutsche ein jähes Ende. Vor der sich zuspitzenden Katastrophe ist noch einmal der heitere Umgang der Scuderi mit den Künstlern eingeschoben. Die Welt des schönen Scheins rückt für kurze Frist das sich real ereignende Unheil auf Distanz. Bereits der nächste Tag führt

Unmittelbare Konfrontation mit dem Schrecklichen

die Scuderi zur unmittelbaren Konfrontation mit dem Schrecklichen. Cardillac ist ermordet worden und sein Geselle Olivier des Mordes dringend verdächtig. Wenig überzeugend scheinen die Unschuldsbeteuerungen Madelons, der Tochter des Goldschmieds und der Geliebten Oliviers.

Aber auch das Verhalten der polizeilichen Untersuchungsbehörden ist wenig vertrauenerweckend. Allzu schnell ist man bereit, auf Grund unbewiesener Verdächtigungen und bloßer Indizien den Schuldspruch zu fällen. Schlimme Erinnerungen werden wach an die Zeit der Giftmorde, wo Schuldige und Unschuldige hingerichtet wurden. Die in der öffentlichen Krise gezielt eingesetzte Untersuchungsbehörde, die Chambre ardente, ist ständig in der Gefahr, über das Ziel hinauszuschießen. Die Eskalation des Verbrechens hat eine Eskalation polizeilicher Willkür zur Folge, das eine wie das andere wenig dazu angetan, ein Klima der Sicherheit und des Vertrauens zu schaffen. Eingegangen sind in diese kritische Darstellung der Justizbehörden die leidvollen Erfahrungen des Juristen Hoffmann bei der oft willkürlichen preußischen Rechtsprechung im Zusammenhang mit der Demagogenverfolgung.

Eskalation des Verbrechens Eskalation polizeilicher Willkür

Nach der Ermordung Cardillacs und der Verhaftung Oliviers hat die gesellschaftliche Krise ihren Höhepunkt erreicht. Fragen und Verunsicherungen häufen sich. Selbst die kultivierte, vom Vertrauen in den Menschen erfüllte Scuderi ist tief erschüttert von Gewalt und Chaos, die alles Streben nach Ordnung zunichte machen und die Ordnung zur

Gesellschaftliche Krise

Illusion werden lassen. Die Kriminalgeschichte wird zum Krisenspiegel eines gesellschaftlichen Desasters. Nicht das Recht, sondern das Verbrechen, nicht die Liebe, sondern der Hass triumphieren. Sichtbar wird eine anfällige, gebrechliche Welt, in der sich Abgründe auftun.

Eine Novelle wie *Das Fräulein von Scuderi* offenbart in erregender Weise die revolutionär erschütterte Gesellschaft. Wenige Jahrzehnte nach dem Ausbruch der Französischen Revolution hielten Skepsis und Misstrauen dem Menschen gegenüber unvermindert an. Der lebensverachtende, von Menschen inszenierte Terror, die Blutjustiz der Guillotine hatte ihre tiefen Spuren im Bewusstsein der jungen Generation hinterlassen, der auch der 1776, dreizehn Jahre vor Revolutionsausbruch, geborene Hoffmann angehörte. Im Zeitalter zügelloser Gewalt wird das Verbrechen zum Stigma des zerstörerischen Menschen, der sich mehr und mehr verselbstständigenden Aggression. Ohnmächtig stehen der zivilisierte Lebensraum des Hofes und die Welt des schönen Geistes einem sich ausbreitenden Chaos gegenüber, gleichermaßen geschürt von verbrecherischer Gewissenlosigkeit wie von polizeilicher Willkür. Die Novelle mit ihrer Neigung zu tragisch sich zuspitzenden Prozessen ist auf dem Höhepunkt.

Licht in die Finsternis bringt die Binnenerzählung Oliviers. Der Scuderi gegenüber ist er bereit, ein vollständiges Geständnis abzulegen, da er ihr als Kind bereits als Sohn ihrer Pflegetochter begegnet war. Vor ihr möchte er sich von der Blutschuld, mit der man ihn belastet, reinwaschen. Es ist ein ganz intimes, nur dem Fräulein anvertrautes Geständnis, das er öffentlich nicht wiederholen wird, um seine geliebte Madelon zu verschonen und ihr den Kinder-

Olivier legt Geständnis über Cardillac ab

glauben an den Vater zu erhalten. In grauenvoller Klarheit entsteht in der Erinnerung an den verbrecherischen Meister das Porträt eines Mörders.

»Zwangs-neurose« Cardillacs

Cardillac ist ein Getriebener, der die von ihm in einer Art Rausch gefertigten Schmuckstücke, wenn er sie einmal aus der Hand gegeben hat, um jeden Preis wieder in seinen Besitz bringen muss, und koste es das Leben des Käufers. Er selbst nennt es seinen »bösen Stern«, dem er folgen oder untergehen muss. Psychologisch zeichnen sich ziemlich exakt die Symptome einer Zwangsneurose ab. Die erbrachte Arbeit des Goldschmieds knüpft ein unauflösliches Band zu dem gefertigten Schmuckstück, in das ein Teil des Ichs eingegangen ist. Die Lösung von einem solchen Schmuck wird als Selbstverlust erlebt, der notwendig Angst hervorruft. Aus dem Bedürfnis nach Angstbefreiung entspringt die mörderische Zwangshandlung. Das, was vordergründig als spannende Geschichte erscheint, ist die erzählerische, ins Phantastische gesteigerte Sichtbarmachung psychischer Vorgänge. Hinter der Fassade des Biedermanns lauert der Dämon.

Maske Cardillacs: Schein und Sein

Cardillac scheint, was er nicht ist, und was er ist, verbirgt er hinter der Maske des Wohlanstands. In der Diskrepanz von Sein und Schein spiegelt sich die Lüge seines Daseins. Sein Werk, ein Teil von ihm selbst, in das er sich gleichermaßen wie in eine kostbare Form entäußert, bedeutet ihm alles. Der glänzende Schmuck wirft dem äußerlich eher Abstoßenden sein vollendet schönes Wunschbild zurück. Cardillac ist der grenzenlos in sich selbst verliebte, ichsüchtige Mensch, bedenkenlos bereit, Menschenleben zu opfern, um seine Ichsucht zu befriedigen. Teuflisch ist seine eitle Selbstüberhebung, die bereits Luzifer aus dem Kreis der Engel verstieß. Die Besessenheit vom eigenen Werk, in dem er sich immerfort nur selbst spiegelt, brandmarkt Cardillac zum Gegenbild des göttlichen Schöpfers, der in Liebe seine Schöpfung den Menschen als Geschenk anvertraute. Rettungslos gefangen wie der Teufel selbst ist der Goldschmied in der selbstgeschaffenen Hölle seines Ichs.

Nachdem Goethe das Ideal des vollendbaren Menschen entworfen hatte, blieb es den Romantikern mit ihren von der Revolution geprägten Geschichtserfahrungen vorbehalten, die dunklen Seiten des Menschen zur Sprache zu bringen und ihnen erregende Gestalt zu geben. Cardillac ist die Verkörperung des »radikalen Bösen«[3] im Menschen, mit dem schon der Philosoph Immanuel Kant rechnet, der wie Hoffmann aus Königsberg stammt. Der Mensch, der es unternimmt, sich in seinen eigenen Produkten zu verewigen, gerät notwendig in Widerspruch zu dem Gesetz und zu seiner sozialen Umwelt. In dem Maße, wie er das dem Menschen Gesetzte überschreitet, verstrickt er sich und andere in Gesetzlosigkeit und Chaos.

Cardillac als Vertreter des »radikalen Bösen«

Cardillac, der sein Ich absolut setzt, löscht das Leben der anderen, die seiner Ich-Besessenheit im Wege stehen, bedenkenlos aus. Als Gegenspieler des Göttlichen und des Menschlichen ist er der teuflische Mensch, der sich in toten Götzenbildern selbst anbetet. In Hoffmanns Werk steht er in einer Reihe mit dem Alchimisten Coppelius aus dem *Sandmann*, der aus totem Metall Menschen zu schaffen und es Gott gleichzutun versucht, oder mit Ignaz Denner aus dem gleichnamigen Nachtstück, der Kinder schlachtet, um aus ihrem Blut verjüngende Lebenstropfen zu gewinnen, und schließlich mit dem Kapuzinermönch Medardus aus dem Roman *Elixiere des Teufels*, der, nachdem er von dem teuflischen Elixier getrunken hat, zur Bestie in Menschengestalt wird.

E.T.A. Hoffmann: Porträtist des Bösen und Vertreter der schwarzen Romantik

Hoffmann ist der Porträtist des Bösen, der bedeutendste deutsche Vertreter der schwarzen Romantik, die das Dämonische und Satanische im Menschen auslotete. Mit den Schreckensfiguren, in denen sich heillose Selbstüberschätzung und Zerstörungstrieb verbrecherisch bedingen, sind ihm bedrückende menschliche Zerrbilder gelungen, die angesichts ideologischer Menschenverachtung und terroristischer Gewalt nichts von ihrer Aktualität eingebüßt, ja eher noch an Aussage- und Erkenntniskraft gewonnen haben. Auch Cardillac mordet ja nicht, um sich materiell zu bereichern, sondern um eine wahnhaft gesteigerte Idee, die er selbst ist, durchzusetzen.

Oliviers Erzählung klärt die mysteriösen Vorgänge und Ereignisse auf, zugleich aber schafft sie eine durch und durch problematische Situation. Wie ist mit der Wahrheit umzugehen? Müsste sie nicht, wenn man sie öffentlich machte, das Vertrauen der Menschen in die Sicherheit gesellschaftlichen Zusammenlebens grundsätzlich und für alle Zeiten erschüttern? Würde nicht die Liebe unter den Menschen in Frage gestellt und insbesondere die Liebe von Olivier und Madelon unter solcher Erblast zerbrechen? Wie aber ist der unschuldig Angeklagte freizubekommen, wenn man nicht die ganze Wahrheit offen legt? Die Aufklärung der Kriminalgeschichte rundet wider Erwarten das Geschehen nicht ab, sondern wirft Fragen auf.

Aufklärung der Kriminalgeschichte wirft neue Fragen auf

Der Intervention der Scuderi beim König, dem sie die ganze entsetzliche Wahrheit enthüllt, gelingt es, der verfahrenen Situation eine günstige Wendung zu geben. Zu Hilfe kommt ihr dabei die Aussage des Grafen Miossens, der Cardillac in Notwehr erstochen hat. Als seine Aussage vor der Chambre ardente durchzusickern beginnt, fordert man die Freilassung Oliviers, die der König dann nach einigem Zögern veranlasst. Madelon aber erfährt nichts von den Untaten ihres Vaters, wie die Öffentlichkeit überhaupt über die verbrecherischen Antriebe des Goldschmieds im Dunkeln gelassen wird. Nur wenigen Eingeweihten, unter ihnen der Leser, ist am Ende das Entsetzliche bekannt, zu dem der Mensch in seiner Missachtung des Mitmenschen und seiner Vergötzung toter Scheinwerte fähig ist.

Der Schleier des Verschweigens wird gebreitet über die Abgründe, die den Einzelnen, der in sie hineinblickte, mit Schwindel und Angst bedrohen müssten. Der Schein überdeckt die beunruhigende, bedrohliche Wahrheit, so wie die Juwelen Cardillacs, die die Scuderi angelegt hat, den düsteren Untergrund der schwarzen Robe überstrahlen. Aber Hoffmann lässt die Novelle nicht mit der erfüllten Liebesgeschichte von Madelon und Olivier, mit der märchenhaften Idylle, ausklingen. Zum Schluss blendet er noch einmal auf die Szene in Paris zurück, wo die geraubten Schmuckstücke wieder aufgetaucht sind und man der Öffentlichkeit die Geschichte von einem reuigen Räuber auftischt.

Verschleierung der Wahrheit

Durch die fortgesetzte Verschleierung der Wahrheit wird also nur ein vorläufiger Schlusspunkt unter eine Geschichte gesetzt, die dem Leser in ihrem ganzen fatalen Umfang bekannt ist. Ungelöst sind die Probleme, die aus der dämonischen Natur des Menschen entspringen, aus seinem

Trieb zu zerstören und zu töten. Bewusst hebt Hoffmann das Liebesglück aus der Erzählebene heraus und lenkt zurück zu einer gesellschaftlichen Wirklichkeit, in der man den Menschen die ganze Wahrheit nicht zumuten will und ihn vielleicht dadurch erst anfällig macht für das immer wieder hereinbrechende Böse. Wie viele romantische Werke findet auch Hoffmanns *Das Fräulein von Scuderi* kein glückliches Ende. Eine glückliche Abrundung von Geschichten kann es ebenso wenig geben wie eine Erlösung des Menschen im Hier und im Jetzt. Zugemutet werden aber muss jedem die ganze Wahrheit, auch die Wahrheit über die Nachtseiten menschlicher Existenz.

Leser: »erweiterter Autor«

In diesem Sinne ist der Leser der »erweiterte Autor« im Sinne des romantischen Dichters Novalis.[4] Er kann auf Grund seiner Kenntnis die Verschleierung der Wahrheit, mit der der Autor schließt, wieder aufheben, um schließlich fähig zu werden, dem Anblick des unerlösten Menschen standzuhalten.

7. Autor und Zeit

E. T. A. Hoffmann, 1776 in Königsberg geboren, ist ein Allround-Genie, das in der Galerie deutscher Künstler nicht seinesgleichen hat. Mit seiner Persönlichkeit und seinem künstlerischen Schaffen verkörpert er eine Art romantisches Gesamtkunstwerk. Neben Goethe und Heine gehört er zu den im Ausland meistbeachteten älteren deutschen Autoren.

»Serapiontisches Prinzip«

Wichtig für die künstlerische Gestaltung ist das von Hoffmann selbst so genannte »serapiontische Prinzip«. Aufgabe des Künstlers ist es, »das Bild, das ihm im Innern aufgegangen, recht zu erfassen mit all seinen Gestalten, Farben, Lichtern und Schatten, und dann, wenn er sich recht entzündet davon fühlt, die Darstellung ins äußere Leben zu tragen«[5]. Alle Kunst nimmt ihren Ausgang von äußeren Begegnungen, die die imaginativen Kräfte im Innern des Künstlers wachrufen und zur Gestaltung drängen. Das nach außen gestellte Werk ist das Ergebnis der kreativen Auseinandersetzung mit der Welt, eine Synthese von Erleben und Gestalten.

E. T. A. Hoffmann: der Musiker

Hoffmanns eigentlicher Lebensraum ist die Kunst. Fremd sind ihm Abstraktion und Theoriebildung. Kants Vorlesungen, in die er an der Albertina in Königsberg hineinhorchte, blieben ihm, wie er einem Freund gesteht, verschlossen. Dem Künstler ist es aufgegeben, seine Zeit und seine Welt nicht auf den Begriff zu bringen, sondern sie im Spiegel seiner Phantasie zu betrachten. Hoffmanns Liebe galt nach einer vorzüglichen musikalischen

Ausbildung zunächst der Musik, die er als Medium einer höheren Welt ansah. Unter seinen über dreißig erhaltenen Kompositionen sticht seine 1816 in Berlin uraufgeführte Oper *Undine* hervor, die erste deutsche romantische Oper fünf Jahre vor Webers *Freischütz*. Neben seinen Erfolgen als Komponist profilierte sich Hoffmann in der Musikszene seiner Zeit auch als Dirigent und Musikkritiker. Von herausragender Bedeutung für die Musikkritik sind seine Besprechungen Beethovenscher Werke.

Seine bildhafte Phantasie ließ ihn schon früh eine Zuneigung zur malerischen und zeichnerischen Gestaltung fassen.

der Künstler

Von erheblichem Talent zeugen vor allem seine Karikaturen, die er gelegentlich in seine Briefe und Tagebücher einfügte. Einigen Ärger bereiteten ihm seine Warschauer Beamtenzeichnungen, in denen er sich in komisch-grotesker Darstellung lustig macht über den pedantischen Amtsschimmel und philiströse Erstarrung. Eine kritische Abrechnung mit dem Hurra-Heroismus und Militarismus seiner Zeit gelang ihm in seinen Napoleon-Karikaturen, in denen er das scheinbar Große ins Lächerliche verzerrt. Daneben betätigte sich Hoffmann am Theater als Bühnenarchitekt und Kulissenmaler. Vor allem aber bleiben seine Karikaturen, die den unbestechlichen Beobachter der eigenen Welt verraten und zeigen, wie Hoffmann Beobachtetes phantasievoll verarbeitet und interpretiert. War für ihn die Musik die Offenbarung einer höheren Welt, so ermöglichten es ihm seine Zeichnungen vor allem, die grotesk-komischen Seiten seiner Zeit ins Bild zu setzen.

der Dichter

Seine geniale künstlerische Begabung schlug sich aber mehr und mehr in seinen Dichtungen nieder. Hier leistete er Bahnbrechendes

E. T. A. Hoffmann

Selbstporträt in Öl um 1820 zur Zeit des Erstdrucks der Novelle *Das Fräulein von Scuderi*

und für seine Epoche Repräsentatives. In den frühen Sammlungen *Fantasiestücke* und *Nachtstücke* meldet sich ein dialektischer Erzähler zu Wort, der das mit den Augen der Phantasie geschaute Wunderbare grell kontrastiert mit den phantastischen Darstellungen der Nachtseiten des Lebens. Immer wieder treten hier groteske Verzerrungen entgegen, in denen sich die Sinnwidrigkeiten des Lebens spiegeln. In Phantasiestücken und Märchen entwirft Hoffmann Utopien einer erlösten Welt und eines erlösten Menschen jenseits der verworrenen Verhältnisse des wirklichen Lebens, das in grotesken und phantastischen Erzählungen und Romanen Gestalt gewinnt.

Mit den *Elixieren des Teufels* schrieb Hoffmann den ersten phantastischen Roman der deutschen Literatur, Ausdruck der Angst vor den realen destruktiven Kräften, und setzte mit seinem zweiten großen Roman *Kater Murr* Maßstäbe für den großen romantischen Roman, indem er die künstlerische Vision mit dem banalen, spießbürgerlichen Alltag konfrontiert. Kunst und Wirklichkeit sind im Grunde unvereinbar. Die Sehnsucht richtet sich auf die Wirklichkeiten, die die Kunst in kreativer Anstrengung aus sich heraus setzt. Nach der in Blut, Kriegen und in der Militärdiktatur Napoleons erstickten Revolution und dem reaktionären Verrat an den Verfassungsversprechen traute er der Geschichte einen Wandel zum Besseren nicht länger zu. Groteske, Karikatur und Phantastik waren die Antworten des enttäuschten Künstlers auf eine geschichtliche und gesellschaftliche Wirklichkeit zwischen dem Lächerlichen und Schrecklichen. Gemessen an dem Wunderbaren und den utopischen Phantasieentwürfen, an dem, was sein könnte, ist das, was ist, ein unwürdiges und entsetz-

Groteske, Karikatur und Phantastik:

liches Schauspiel des Menschen, dem Hoffnungen und Perspektiven abhanden gekommen sind. Was in der Kunst wunderbares Leben annimmt, ist nicht mehr von dieser Welt und verweist nur noch zurück auf die Träume und Visionen des Künstlers.

Antworten auf geschichtliche und gesellschaftliche Wirklichkeit

In seinem bürgerlichen Beruf erlebte der Jurist Hoffmann die ganze Schäbigkeit und bornierte Enge seiner Zeit. Nachdem seiner Karriere in Warschau nach Auflösung der preußischen Behörden zunächst ein Ende gesetzt war, fand er sich in der Lage eines freien Künstlers wieder. 1814 holte man ihn als Regierungsrat am Berliner Kammergericht in den Justizdienst zurück, wo er auf Grund seiner soliden und korrekten Arbeit ins Oberappellationsgericht aufstieg. Bald schon sah er sich konfrontiert mit behördlicher Willkür, Gesinnungsschnüffelei und obrigkeitsstaatlicher Politik, die sich in die Rechtsprechung einmischte und den Beamten zum Helfershelfer der Reaktion zu machen drohte. Als Mitglied der sogenannten »Immediat-Untersuchungs-Kommission«, die hochverräterische Verbindungen und gefährliche Umtriebe zu ermitteln hatte, kam Hoffmann hautnah in Berührung mit dem preußischen Gesinnungsterror. Mutig und erfolgreich setzte er sich gegen eine Verurteilung des Turnvaters Jahn ein und erwirkte dessen Freilassung.

Der Jurist Hoffmann …

Im ersten Band des *Kater Murr* lässt Hoffmann einen bösartigen Hofhund mit Zügen des Berliner Polizeidirektors von Kamptz sein Unwesen treiben. In den bespitzelten und verfolgten »Katzburschen« werden die Andersdenkenden, die Liberalen und nicht Staatskonformen erkennbar, gegen die das reaktionäre Preußen mit harten Polizeimaßnahmen vorging. Doch die bissige Kritik verfehlte ihre Wirkung, da man sie offenbar nicht verstand.

Im *Meister Floh* setzte Hoffmann zu einer zweiten Attacke an. Der beschränkte Hofrat Knarrpanti ist ein brillantes, satirisches Konterfei für den sich mit der Reaktion identifizierenden von Kamptz. Deutlich sind die Hiebe gegen die obrigkeitsstaatliche Willkür. Diesmal verstand man. Der Polizeidirektor ließ das Manuskript beschlagnahmen und brachte ein Verfahren gegen Hoffmann in Gang, dem er wegen Benutzung geheimen juristischen Materials Verstöße gegen die Amtsverschwiegenheit vorwarf. Hoffmann drohte eine Strafversetzung. Sein Tod setzte dem Verfahren ein Ende, das für den Beschuldigten höchst unangenehme Folgen gehabt hätte.

Das Verfahren selbst spiegelte den Zustand einer Rechtsprechung, die zum politischen Disziplinierungsinstrument verkommen war. Mit seiner Kunst gab Hoffmann Antwort auf den bedenklichen Rechtszustand seiner Zeit. Insofern ist sein Beruf verknüpft mit seinem Selbstverständnis als Künstler. Dafür gibt nicht zuletzt auch die Novelle *Das Fräulein von Scuderi* Zeugnis, in die unüberhörbar Kritik an der Justizwillkür eingegangen ist.

... gibt Antwort auf den Rechtszustand seiner Zeit

Kurzbiografie

1776 Am 24. Januar wird Ernst Theodor Wilhelm Hoffmann im ostpreußischen Königsberg als Sohn eines Hofgerichtsadvokaten geboren. Seine Mutter Lovisa Albertina Doerffer kam aus einer angesehenen Juristenfamilie.

1778 Die Eheleute Hoffmann trennen sich. Frau Hoffmann zieht mit ihrem jüngsten Sohn in das Haus ihrer verwitweten Mutter.

1782 Hoffmann beginnt, die reformierte Burgschule in Königsberg zu besuchen.

1786 Die lebenslange Freundschaft mit Theodor Gottlieb Hippel, Neffe des gleichnamigen Schriftstellers und Königsberger Bürgermeisters, nimmt ihren Anfang. Hoffmann begegnet seiner zehn Jahre älteren Jugendliebe Dora Hatt, die mit einem Unternehmer verheiratet ist.

1790/91 Zusammen mit seinem Freund Hippel liest Hoffmann u. a. Rousseaus *Confessions* und Karl Grosses *Der Genius.* Er lernt die Grundzüge des Komponierens und die Beherrschung einiger Instrumente. Tief beeindruckt ist er von einer Aufführung der Mozart-Oper *Don Giovanni.*

1792 Hoffmann immatrikuliert sich an der Königsberger Universität für Rechtswissenschaft.
Nach dem Examen eines Regierungs-Auskultators (Referendar) beginnt er seine Amtstätigkeit in Königsberg.

1796 Im Frühjahr lässt sich Hoffmann an die Oberamtsregierung im nahen Glogau versetzen, um die Affäre mit Dora Hatt zu beenden. Er zeichnet, schreibt und musiziert.

1797 Eine Reise nach Königsberg führt ihn noch einmal mit Dora Hatt zusammen.

1798 Nach dem Bruch mit Dora Hatt verlobt sich Hoffmann mit seiner Cousine. Kurz danach besteht er mit gutem Erfolg sein zweites juristisches Examen. Seine erste größere Reise führt ihn durchs Riesengebirge, durch Böhmen und nach Dresden, wo er die Kunstgalerie besucht. Im Herbst tritt er eine Stelle als Referendar am Kammergericht in Berlin an und nimmt den Kompositionsunterricht wieder auf.

1800 Im März besteht Hoffmann sein drittes juristisches Examen mit der Note »vorzüglich« und wird als Assessor nach Posen versetzt.

1802 In Posen knüpft er ein intensives Verhältnis mit der Polin Marianne Thekla Michaelina Rorer aus einfachen Verhältnissen, seiner Mischa. Er löst die Verlobung mit seiner Cousine. Nach seiner Heirat wird er als Regierungsrat nach Plock versetzt, da er nach seinen Karikaturen gewisser Honoratioren in Posen nicht länger tragbar war.

1804 Im Februar wird Hoffmann zum Regierungsrat in der damals preußischen Stadt Warschau ernannt. In der Veröffentlichung des Singspiels *Die lustigen Musikanten* nennt er sich zum erstenmal E. T. A. Hoffmann: Aus Liebe zu Mozart tauscht er seinen dritten Vornamen Wilhelm gegen Amadeus aus.

1806 In Warschau gehört er zu den Mitbegründern der »Musikalischen Gesellschaft«, deren Dirigent er wird. Als Warschau von französischen Truppen besetzt wird, verliert er sein Amt.

1807 Eine Reise nach Berlin schafft Hoffmann keine Verdienstmöglichkeiten als freier Künstler. Er hungert. In Posen, wohin er seine Familie zu den Verwandten seiner Frau geschickt hat, stirbt seine Tochter.

1808 Hoffmann tritt eine Stelle als Musikdirektor und Kapellmeister in Bamberg an. Daneben arbeitet er als Gesang- und Klavierlehrer, um das schmale Gehalt etwas aufzubessern.

1809 Hoffmann lernt die 13-jährige Julia Marc aus angesehener Familie kennen, der er Gesangunterricht erteilt. Er verliebt sich in das schöne, junge Mädchen. Eine Freundschaft verbindet ihn mit dem Bamberger Weinhändler, Schöngeist und Verleger Carl Friedrich Kunz.

1810 Hoffmann arbeitet am Bamberger Theater als Direktionsassistent, als Hauskomponist, Bühnenarchitekt und Kulissenmaler.

1812 Bei einem gemeinsamen Ausflug nach Pommersfelden mit Julia und deren Verlobtem, einem Hamburger Kaufmann, beschimpft der angetrunkene Hoffmann den Bräutigam und erhält Hausverbot bei den Marcs.

1813 Der Opern- und Schauspieldirektor Joseph Seconda macht Hoffmann das Angebot, bei seiner in Dresden und Leipzig spielenden Gesellschaft als Kapellmeister zu arbeiten. Hoffmann reist nach Dresden und Leipzig, wo er ein Schlachtfeld betritt. Gewaltige Truppen formieren sich gegen Napoleon, der in der Völkerschlacht bei Leipzig eine entscheidende Niederlage hinnehmen muss. Hoffmann, der Napoleon hasst, ist erschüttert über die Berge von Toten. Seiner Arbeit bei Seconda geht er mit Erfolg nach.

1814 Nach Auseinandersetzungen mit Seconda wird er fristlos entlassen. Sein Freund Hippel, inzwischen im Staatsdienst, den er in Dresden wiedergetroffen hatte, verwendet sich mit Erfolg für die Wiedereinsetzung Hoffmanns in den Staatsdienst. Im September Übersiedlung nach Berlin.

1816 Hoffmann wird als Kammergerichtsrat zum Mitglied des Kriminalsenats des Kammergerichts berufen. Am 3. August findet die Uraufführung seiner Oper *Undine* am Königlichen Schauspielhaus statt.

1817–19 Hoffmann schließt Freund- und Bekanntschaften mit den Dichtern Contessa, Fouqué, Brentano, Chamisso und dem Schauspieler Devrient. Seine Gesundheit beginnt unter der Arbeitsüberlastung zu leiden.

1819 Hoffmann wird in die »Immediat-Kommission« zur Ermittlung hochverräterischer Verbindungen und gefährlicher Umtriebe berufen. Unmittelbarer Anlass für die Gründung dieser Kommission sind die Karlsbader Beschlüsse gegen Demagogen.

1820 Hoffmann setzt sich erfolgreich für die Freilassung des Turnvaters Jahn aus dem Polizeiministerium ein.

1821 Hoffmann scheidet aus der Kommission aus und wird zum Mitglied des Oberappellationssenats am Kammergericht ernannt.

1822 Man strengt ein Disziplinarverfahren gegen Hoffmann wegen angeblicher Verstöße gegen die Amtsverschwiegenheit an. Hoffmann stirbt am 25. Juni im Alter von 46 Jahren an den Folgen einer fortschreitenden Lähmung.

Werktabelle (Auswahl)

1814/15 Mit der Sammlung *Fantasiestücke in Callot's Manier* legt Hoffmann seine erste größere dichterische Veröffentlichung vor. Durch die Anspielung auf den Lothringer Grafiker Jacques Callot soll auf die subjektive Art verwiesen werden, mit der der Verfasser mit seinen Gestalten aus dem Alltagsleben umgeht. Erst die subjektive Stilisierung, die Phantasie des Künstlers sind im Stande, das Vertraute fremd erscheinen zu lassen und dem Alltag einen poetischen Schimmer zu geben. Die bekanntesten Stücke der Sammlung sind *Der goldne Topf* und die Erzählung *Die Abenteuer der Sylvester-Nacht.* Im *Goldnen Topf* kommt Anselmus in Berührung mit dem wunderbaren Reich des Archivarius Lindhorst. Ihm gegenüber steht die groteske Welt der Philister. In der Auseinandersetzung mit den beiden polaren Daseinsmöglichkeiten entscheidet sich Anselmus für das Reich der Poesie und des Wunderbaren. *Die Abenteuer der Sylvester-Nacht* handeln zentral von dem verlorenen Spiegelbild. Sein Verlust bedroht den Einzelnen mit dem Verlust der Identität. Zugleich ist der Spiegel aber auch Zauberspiegel dichterischer Visionen. In der Verdopplung von Original und Spiegelbild offenbart sich die Doppelexistenz des Künstlers zwischen Wirklichkeit und Phantasie.

1816/17 Die *Nachtstücke* sind das Pendant zu den *Fantasiestücken.* Beleuchtet werden die dunklen Seiten des Menschen und der Gesellschaft. Im *Sandmann* geht es um die Bedrohung des Menschen durch unheimliche und unheilvolle technische Apparaturen. Sowohl das alchimistische Experiment als auch die Konstruktion der mechanischen Gliederpuppe sind Versuche, den künstlichen Menschen zu schaffen und es dem Schöpfer gleichzutun. Doch die hybriden Versuche scheitern und verstricken Nathanael in Angst und Wahnsinn. Beispielhaft wird mit ihm der durch pseudokreative Tätigkeit sich selbst entfremdete Mensch in den Untergang getrieben. Ist es im *Sandmann* das Streben nach technologischer Macht, so tritt im *Majorat* das unstillbare Verlangen nach materiellem Besitz in den Mittelpunkt. Die Habgier der Freiherren von Rossitten ruft den gespenstischen Rächer auf den Plan, der dem Geschlecht den Garaus macht. Der entfremdete Mensch schafft eine entfremdete, unheimliche Welt, in der der Ungeist den Geist, das Hässliche das Schöne und das Tote das Lebendige verdrängen.

1817 In der Nachbarschaft der *Nachtstücke* entsteht der erste phantastische Roman der deutschen Literatur. *Die Elixiere des Teufels* erzählen von dem Mönch Medardus, der von einem auf den Teufel zurückgehenden Elixier trinkt, das die Hölle seiner destruktiven Kräfte entfesselt. Sein Handeln in der Welt hinterlässt fortan eine Blutspur des Verbrechens. Illusionslos zeichnet Hoffmann die gespaltene Existenz des Menschen zwischen Engel und Bestie.

1819 Klein Zaches in dem Märchen *Klein Zaches genannt Zinnober* ist ein grotesker Zwerg, dem die Fee Rosabelverde die Gabe verleiht, dass alles, was in seiner Nähe Bedeutsames in Gedanke, Wort und Tat sich äußert, ihm zugerechnet wird. Balthasar gelingt es mit Hilfe des Zauberers Alpanus, das auf Täuschung beruhende gesellschaftliche Ansehen des Zwergs zu entlarven. Mit seiner Frau Candida zieht er sich auf das ihm geschenkte Landgut des Zauberers zurück, während Alpanus auf einer Libelle in das Land voll göttlicher Wunder fliegt. Die bürgerliche Wirklichkeit ist im Grunde nur Schein und Täuschung, das wahre Sein und die Wahrheit des Menschen liegen jenseits dieser Welt. Der Dichter in Balthasar ist es, der das Wunderbare und die Schönheit ahnt, in denen der Mensch recht eigentlich zu Hause ist.

1819–21 Nach dem großen Erfolg der *Fantasiestücke* standen Hoffmann die Zeitschriften, Taschenbücher und Almanache offen. Viele seiner gelungensten Stücke sammelte er in den *Serapionsbrüdern.* Der Titel geht zurück auf die gesellige Freundesrunde um Hoffmann, in der man diskutierte und sich austauschte. Das Wiedersehen nach längerer Unterbrechung am 14. November, dem Tag des heiligen Serapion, im Jahre 1818 regte Hoffmann zu dieser Titelwahl an. Die einzelnen Geschichten bettete er jeweils in Gesprächszusammenhänge, in denen die Freunde das Gehörte kommentieren. So entstand ein integrierender, novellistischer Erzählrahmen. Unter den etwa dreißig Erzählungen ragen heraus *Rat Krespel*, *Nussknacker und Mausekönig*, *Die Bergwerke zu Falun* und *Das Fräulein von Scuderi*. Der Rat Krespel, gesellschaftliche Konventionen verachtend, lebt isoliert mit seiner Tochter, einer Sängerin, die von so schwacher Gesundheit ist, dass jeder Gesang sie dem Tode näher bringt. Die Erzählung ist Parabel für die im Künstler wirksame, ihn verzehrende Kraft. Im phantastischen Märchen vom *Nussknacker und Mausekönig* durchdringen sich Alltag und skurrile Märchenwelt. Das Unheimliche erhält komische Züge, und das Wunderbare erscheint eigentümlich desillusioniert. Die Geschichte *Die Bergwerke zu Falun* erzählt von einem verschollenen jungen Bergmann, in dessen unversehrtem Leichnam nach fünfzig Jahren die einstige Braut den Bräutigam wiedererkennt. Die Welt in der Tiefe ist das Reich der Träume und der Ahnungen, eine Welt, die den Menschen bedroht und verlockt und Wunderbares bereithält. Es ist der Traum von der ewigen Jugend, der selbst noch den Leichnam des Junggebliebenen umgibt.

1820–22 In der fiktiven Doppelbiographie *Die Lebensansichten des Katers Murr nebst fragmentarischer Biographie des Kapellmeisters Johannes Kreisler* stehen sich Künstler und Philister gegenüber. Schroff wechseln die spießigen Lebensansichten des Katers mit Episoden um den in einer höheren Welt lebenden genialen Musiker, dadurch dass Blätter in das Manuskript des Katers geraten sind und mit abgedruckt wurden, auf denen die Biographie Kreislers niedergeschrieben ist.

1822 In der späten Novelle *Des Vetters Eckfenster* öffnet sich die eigentliche Wirklichkeit nicht dem Sehenden, sondern dem Blinden, »der mit emporgerichtetem Haupt in die weite Ferne zu schauen scheint. [...] sein inneres Auge strebt schon das ewige Licht zu erblicken, das ihm in dem Jenseits voll Trost, Hoffnung und Seligkeit leuchtet.«[6]

E.T.A. Hoffmanns Werk: Höhepunkt der romantischen Literatur in Deutschland

Hoffmanns dichterisches Werk markiert den Höhepunkt der romantischen Literatur in Deutschland. In immer neuen Bildern, Szenen und Aktionen offenbart sich die Doppelexistenz des Menschen zwischen seinem realen Dasein in Gesellschaft und Geschichte und seinen Ahnungen einer höheren, die Grenzen seines bedingten Lebens sprengenden Welt. Im Unterschied zur klassischen Dichtung, die horizontal im Diesseitigen fortschreitet, ist romantisches Bewusstsein geprägt von der vertikalen Blickführung zwischen dem Wirklichen und dem jederzeit Möglichen. Für die Darstellungsweise gilt, was Hoffmann als das »serapiontische Prinzip« bestimmt hat. Es umschreibt im Grunde nichts anderes als das romantische Erzählkonzept. Der Dichter verwandelt das in ihn Eingegangene ins Bild, um es dann wieder aus sich herauszustellen. Die Wirklichkeit der Fiktion aber steht auf einer höheren Stufe als die Wirklichkeit, die die Fiktion auslöste. Sie ermöglicht es, das Dargestellte gleichsam von einer höheren, poetischen Warte aus zu betrachten. Im Prozess des Poetisierens gewinnt der Dichter seine Souveränität über die Welt. Romantisches Dichten erfüllt sich in der kreativen Nachschöpfung der Wirklichkeit, die damit aufhört, die alleinige zu sein. Wenn Hoffmann den verbrecherischen, bösen Menschen schildert, so erscheint dieser verbunden mit einer heillosen Wirklichkeit, die es letztlich zu überwinden gilt. Groteske bzw. phantastische Signale disqualifizieren den entstellten Menschen. Insbesondere Hoffmann gelang es, durch verzerrende Darstellungsweisen den Nachtseiten des Menschen Gestalt zu geben und diese unmissverständlich pejorativ zu besetzen. Das furchtbar Entstellte wird zum negativen Impuls, die reine Gestalt des Menschen als Ziel poetischer Sehnsucht nicht aus den Augen zu verlieren.

Hoffmann und die Romantiker waren es, die es unternahmen, sich vom Druck der Welt zu befreien, indem sie sie poetisierten, ihr das Siegel der eigenen Gestaltung aufdrückten und den Blick lenkten auf das, was jenseits von ihr wahre Erfüllung verheißt. Es ist der Triumph des Künstlers über das Kunstlose, des Möglichen über das Wirkliche, der Poesie über den Alltag. Romantisches Dichten vergewissert den Menschen seiner geistigen Statur und erschafft ihm eine Enklave inmitten der Geistlosigkeit der Welt.

Dem verzagenden Erzähler im *Goldnen Topf*, dem am Ende der Geschichte die schöne Fiktion zu entschwinden droht, versichert der Archivarius Lindhorst: »Still, still Verehrter! Klagen Sie nicht so! – Waren Sie nicht soeben selbst in Atlantis, und haben Sie denn nicht auch dort wenigstens einen artigen Meierhof als poetisches Besitztum Ihres innern Sinns? – Ist denn überhaupt des Anselmus Seligkeit etwas anderes als das Leben in der Poesie, der sich der heilige Einklang aller Wesen als tiefstes Geheimnis der Natur offenbart?«[7]

8. Rezeption

Interpretationsansätze

Das Fräulein von Scuderi: *ein Nachtstück*

Die zahlreichen zeitgenössischen Rezensionen sahen in dem *Fräulein von Scuderi* ein Nachtstück. »Sie ist ein Nachtstück, über dem sich die fromme und sanfte Scudery wie eine Lichtgestalt hervorhebt.« Cardillac wird als »teuflische Figur« als ein »Ausbund menschlicher Lasterhaftigkeit verstanden«.[8] Die *Allgemeine Literatur-Zeitung* spricht 1822 von der Erfindung »eines scheußlichen moralischen Ungeheuers«[9]. Noch 1871 schreibt Hermann Kurz, der Mitherausgeber des *Deutschen Novellenschatzes,* im Vorwort zu der in den Novellenschatz aufgenommenen Novelle: »Die Entwicklung greift tief in das sogenannte Nachtgebiet der menschlichen Natur.« Auch für Kurz ist der mordende Goldschmied ein »Ungeheuer«[10].

Cardillac als Prototyp des romantischen Künstlers

Erst nach der Jahrhundertwende erfolgte eine Bedeutungsverschiebung, die Cardillac als Prototyp des romantischen Künstlers in den Mittelpunkt rückte. Georg Ellinger, der 1912 Hoffmanns Werke herausgab, schreibt in der Einleitung: »Cardillac ist einerseits der Künstler, der sich nie genugtun kann, und er ist anderseits unschuldig-schuldig, durch ein unseliges Schicksal schon vor seiner Geburt dem Dämon verfallen […].«[11] Walther Harich, der ebenfalls eine Werkausgabe veranstaltete, hebt die »Künstlerpsyche Cardillacs« hervor und spricht »von der Feindschaft zwischen Bürgertum und Künstlertum«.[12]

Daneben versteht man die Novelle schon früh als Kriminalgeschichte. Marianne Thalmann sieht alle wichtigen Merkmale des Genres im *Fräulein von Scuderi* erfüllt.[13] Richard Alewyn entdeckt in der Novelle die erste Detektivgeschichte der deutschen Literatur.[14]

Kriminalgeschichte

Den drei Deutungsmustern der Novelle als Nachtstück, Künstlergeschichte und Kriminalgeschichte sind die nachfolgenden Deutungen mit wechselnden Akzentuierungen grundsätzlich verpflichtet. Als »dämonisch zerrissenen Künstler«[15] stellt Hellmuth Himmel den Goldschmied dar, den die Scuderi allerdings erlösen könnte. Für Johannes Klein ist Cardillac »der Künstler als gespaltener Mensch«[16], das zerrissene, romantische Genie. Aus Walter Müller-Seidels Sicht besteht »ein schrecklicher Zusammenhang von Kunstgeschichte und Mordgeschichte«. Cardillac vereinigt in seiner Person »den Mörder mit dem Künstler« [17]. Klaus Kanzog, Ernst Bloch, Rainer Schönhaar und Horst Conrad arbeiten die Struktur der Detektiv- bzw. Kriminalgeschichte heraus.[18] Für Winfried Freund ist das Kriminalschema vor allem Medium der Gesellschaftskritik. Kritisch beleuchtet die Novelle den fragwürdigen Zustand der Rechtsprechung und die dadurch bedingte soziale Verunsicherung.[19]

Kriminalschema als Medium der Gesellschaftskritik

Ende der 70er-Jahre setzt im Zusammenhang mit einer stärkeren Betonung des »nächtlichen« Hoffmann die Tendenz ein, in der Novelle wieder mehr das Nachtstück, die phantastische Geschichte zu sehen. Hermann Weiss begreift *Das Fräulein von Scuderi* als Dokumentation der Zerbrechlichkeit sowohl des Individuums als auch der sozialen Institutionen.[20] Die obsessive Seite des Goldschmieds hat vor allem Lothar Pikulik herausgearbeitet: »Cardillacs psychopathologische Fixierung auf den Glanz und das Funkeln der Juwelen und des Goldes« lässt ihn als einen Besessenen erscheinen. Er ist verfallen an die dem Unterreich entstammenden Elemente. »Dieses Unterreich in der Tiefe der Erde korrespondiert dem Unterbewussten in der Tiefe der Seele, das den Goldschmied zu seinen Verbrechen antreibt.«[21] Tiefenpsychologische Wege beschreitet Achim Würker mit seinem Deutungsversuch, der die geheimnisvollen Kräfte des Unbewussten für die eigene Lebensführung in den Mittelpunkt rückt und dabei ebenfalls das Zwanghafte des Verhaltens problematisiert.[22] Winfried Freund verknüpft die Novelle mit der Tradition der literarischen Phantastik. »In der 1819 erschienenen Erzählung *Das Fräulein von Scuderi* verzichtet Hoffmann auf alle phantastischen Effekte wie Teufelspakt, Wiedergängerei und Gespenstererscheinungen, indem er den phantastischen Stil auf seinen Kern reduziert: auf den entstellten und entstellenden Menschen.«[23]

Tiefenpsychologie

Dramatisierungen

Den Dramatisierungen der Novelle ist gemeinsam, dass sie den Goldschmied ins Zentrum der Handlung stellen. Otto Ludwigs Schauspiel *Das Fräulein von Scuderi* (1848) porträtiert Cardillac als radikalen Nihilisten, der an die eigene schicksalhafte Vorbestimmtheit zum Bösen glaubt. Auslöser seiner verbrecherischen Handlungen ist sein Hass gegen den Adel. In seinen Augen stellen die Morde an den Adligen keine Verbrechen dar. Seine Gegen-

Dramatisierungen der Novelle

spielerin, die Scuderi, verurteilt nicht allein sein Handeln, sondern auch das Vorgehen und die Vorurteile des Gerichts, das in böswilliger Menschenverachtung Schuldige wie Unschuldige verfolgt. Ludwigs Bühnenbearbeitung hält sich, abgesehen von häufigeren Auftritten Cardillacs, recht eng an die Novelle, deren dramatische Impulse sie nutzt. Aufschlussreich ist, dass auch hier der abgrundtief böse Mensch ins Rampenlicht tritt.

Oper

Die 1927 uraufgeführte Oper *Cardillac* von Paul Hindemith nach einem Libretto von Ferdinand Lion, konzentriert sich noch ausschließlicher auf den Goldschmied. Olivier Brusson wird ersetzt durch einen Offizier, der in Madelon verliebt ist und für sie eine Kette ersteht. Als er von Cardillac überfallen wird, kann er sich des Angriffs erwehren. Cardillac, der Verstellungen müde, enthüllt der Menge seine Verbrechen, denen er verfallen sei, weil er sich als Schöpfer von seinem Werk nicht habe trennen können. Da er keine Reue zeigt, schlägt ihn das Volk nieder. Sterbend küsst er die Kette am Hals des Offiziers. In der Neufassung von 1952 tritt die Künstlerproblematik noch markanter hervor. Die Oper wird zur Tragödie des schöpferischen Menschen, der dem Dämon seines Bildnerdranges verfallen ist, innerlich getrieben, Gold und Steine zu beleben, ohne sich von dem vollendeten Kunstwerk lösen zu können.

Verfilmung

Die Krise des Künstlers steht auch im Zentrum der Novellenverfilmung unter dem Titel *Cardillac* von Edgar Reitz aus dem Jahr 1969. Reitz geht es vor allem um die Situation des Künstlers in der gegenwärtigen Gesellschaft, um die Frage, wie weit er sich von der Öffentlichkeit abkapseln und seiner Kunst allein um ihrer selbst willen nachgehen kann. Im Film unterwirft Cardillac jeden seinem Gestaltungswillen. Selbst seine Tochter, die seine Kreationen auf ihrer nackten Haut vorführen muss, verdinglicht er zu seinem persönlichen Eigentum. Die Frage nach sozialer Verantwortung und individueller Schuld des Künstlers bleibt bewusst offen.

Kriminalhörspiel

Mehr dem Detektivischen und Kriminalistischen verpflichtet ist das am 4. und 11. Februar 1971 vom Bayerischen Rundfunk in zwei Teilen gesendete Kriminalhörspiel *Das Fräulein von Scuderi* in der Bearbeitung von Edmund Steinberger. Parallel zum wachsenden Interesse an der Kriminalgeschichte in den 60er- und 70er-Jahren nach dem Zurücktreten der Künstlerproblematik entdeckt auch die dramatische Adaption wieder die Spannungselemente der Vorlage.

Die analytische wie die künstlerische Rezeption zeigen, abhängig vom jeweiligen Zeitbewusstsein, vergleichbare Tendenzen. Bei zunehmendem Interesse an tiefenpsychologischen Fragen, die auch die pathologischen Seiten menschlicher Existenz mit einbeziehen, und bei steigender Lesernachfrage nach der Literatur des Unheimlichen ist zu erwarten, dass Hoffmanns Novelle in Anknüpfung an die Zeit ihrer Ersterscheinung wieder stärker als Möglichkeit entdeckt wird, das Bedrohliche und Beängstigende menschlicher Destruktivität phantastisch zu inszenieren.

9. Checkliste

1. Nennen Sie die Quellen für Hoffmanns Novelle. Heben Sie die von Hoffmann selbst genannte Quelle (Anekdote vom »venezianischen Schuster«) heraus und sagen Sie, welche Rückschlüsse diese auf Cardillacs Berufsstand zulässt.
2. Erörtern Sie die Bedeutung der breit angelegten Schilderung der Giftmordanschläge für die novellistische Aussage.
3. Achten Sie dabei besonders auf die Darstellung der Gerichts- und Untersuchungsbehörden.
4. Definieren Sie, was man unter einer analytischen Erzählung versteht (Literaturlexikon) und wenden Sie die gefundene Definition auf die vorliegende Novelle an. Ordnen Sie die einzelnen Handlungsstationen dem Kriminalschema von Fall, Fahndung, Ermittlung und Aufklärung zu.
5. Beschreiben Sie die Wirkung, die die Eingangsszene auf Sie – als exemplarischen Leser – macht.
6. Bestimmen Sie die Funktion des Kästchens für die Handlungsstruktur.
7. Umreißen Sie mit eigenen Worten ein Porträt Cardillacs bei seinem ersten Auftritt.
8. Stellen Sie einen Vergleich an zwischen der Figur des Goldschmieds, dessen Verhalten und der Umgebung, in der die Szene spielt.
9. Sagen Sie, welche erzähltechnische Bedeutung dem Zettelchen zukommt, das der Scuderi zugespielt wird.
10. Diskutieren Sie den Stellenwert der Künstlerszene im Hause der Scuderi innerhalb des Erzählverlaufs.

11. Schlagen Sie im Lexikon die Namen Racine und Boileau nach und versuchen Sie herauszufinden, für welche Lebens- und Weltsicht sie stehen. Wie verhält sich diese zu dem, was in der Novelle tatsächlich geschieht.
12. Nennen Sie Gründe, die gegen bzw. für Oliviers angebliche Mordschuld sprechen. Bestimmen Sie den Standort der Scuderi in der Novelle.
13. Nehmen Sie kritisch Stellung zum Verhalten und zum Vorgehen der polizeilichen Untersuchungsbehörden.
14. Vergleichen Sie die Eingangsszene mit der Szene, in der Olivier als Gefangener ins Haus der Scuderi geführt wird.
15. Stellen Sie fest, welche Aufgabe der Geschichte Oliviers in der Kriminalhandlung zukommt.
16. Erklären Sie, warum nach den Geschichten Oliviers und des Grafen Miossens die Handlung nicht zum Abschluss gelangt. Gehen Sie ein auf das besondere Verhältnis von Olivier und Madelon.
17. Heben Sie hervor, worin die Bedeutung der Scuderi im Finale der Novelle besteht.
18. Achten Sie auf die Art und Weise, wie die Zukunft von Madelon und Olivier dargestellt wird, und finden Sie Gründe für die gewählte Darstellungsweise auf dem Hintergrund des novellistischen Geschehens.
19. Stellen Sie fest, wie die Novelle wirklich endet, und begründen Sie, warum Hoffmann dem erreichten Happy End noch einen kurzen Bericht anschließt.
20. Problematisieren Sie das Verhalten der Eingeweihten, die Bevölkerung im Unklaren zu lassen. Decken Sie offenbar gezielte Fehlinformationen auf.
21. Charakterisieren Sie den Goldschmied Cardillac. Diskutieren Sie, ob er Künstler oder Verbrecher oder beides

in einer Person ist. Sprechen Sie eine moralische Wertung aus.

22. Bestimmen Sie die Personenkonstellation der Novelle.
23. Unterscheiden Sie zwischen monologischer und dialogischer Darstellung in der Novelle und arbeiten Sie die jeweilige Funktion heraus.
24. Untersuchen Sie im Einzelnen die Verwendung und die Bedeutung von Hell-Dunkel-Kontrasten.
25. Stellen Sie die novellistische Erzähltendenz des Textes heraus. Was macht die Erzählung zur Novelle?
26. Gehen Sie auf typische novellistische Merkmale ein.
27. Nennen Sie das Leitsymbol der Novelle. Stellen Sie fest, an welchen Stellen es markant hervortritt und bestimmen Sie seine jeweilige Bedeutung.
28. Untersuchen Sie den Zusammenhang von novellistischem Erzählen und Kriminalgeschichte. Legen Sie dabei vor allem den Begriff von der »unerhörten Begebenheit« zu Grunde.
29. Arbeiten Sie die gesellschaftskritischen Bezüge der Novelle, auch im Hinblick auf Hoffmanns eigene Erfahrungen als Jurist, heraus.
30. Versuchen Sie, die Novelle als einen Beitrag zur »schwarzen Romantik« zu begreifen.
31. Erläutern Sie, was Hoffmann unter dem »serapiontischen Prinzip« versteht und wenden Sie dieses Prinzip auf die Novelle an.
32. Nennen Sie die Haupttendenzen in der Rezeption der Novelle.
33. Stellen Sie Überlegungen an über die mögliche aktuelle Bedeutung der historischen Novelle. Erörtern Sie die Frage, ob *Das Fräulein von Scuderi* weiterhin einen Platz im schulischen Lektürekanon haben sollte.

10. Lektüretipps / Medienempfehlungen

Textausgaben

E.T.A. Hoffmann: Das Fräulein von Scuderi. Stuttgart: Reclam, 2000. (UB. 25.) – *Reformierte Rechtschreibung. Nach dieser Ausgabe wird zitiert.*

E.T.A. Hoffmann: Dichtungen und Schriften. 15 Bde. Hrsg. von Walther Harich. Weimar: Lichtenstein, 1924. – *Eine der umfangreichsten älteren Ausgaben, enthält neben den Werken auch die Tagebücher und die Briefe.*

E.T.A. Hoffmann: Sämtliche Werke in 6 Einzelbänden. Düsseldorf: Winkler/Patmos Verlag ^{5}1995. – *Ausgabe mit Anmerkungen und Anhang, gut geeignet für die Lektüre weiterer Werke Hoffmanns.*

Zur Novelle / Kriminalnovelle

Freund, Winfried: Novelle. Stuttgart 1998. (RUB. 1760.) – *Gedrängte, allgemein verständlich geschriebene Darstellung der Theorie und Geschichte der Novelle.*

– Die deutsche Kriminalnovelle von Goethe bis Hauptmann. Paderborn ^{2}1980. – *Stellt den Zusammenhang zwischen Novelle und Kriminalgeschichte her und interpretiert die wichtigsten Kriminalnovellen einschließlich des »Fräuleins von Scuderi«.*

Zur Literaturgeschichte

Freund, Winfried: Deutsche Literatur. Schnellkurs. Köln ^{2}2000. – *Konzentrierter Überblick über die deutsche Literaturgeschichte mit zahlreichen, überwiegend farbigen Abbildungen und Textbeispielen.*

Zur Phantastik

Freund, Winfried: Deutsche Phantastik. Die phantastische deutschsprachige Literatur von Goethe bis zur Gegenwart. München 1999. – *Dargestellt werden die vier Hauptgattungen deutscher Phantastik: Ballade, Erzählung, Novelle und Roman.*

Zu E. T. A. Hoffmann

Harich, Walther: E. T. A. Hoffmann. Das Leben eines Künstlers. 2 Bde. Berlin 1920. – *Die beste der älteren Darstellungen, weiterhin unbedingt lesenswert, zumal Harich den Künstler Hoffmann lebendig werden lässt.*

Kleßmann, Eckart: E. T. A. Hoffmann oder die Tiefe zwischen Stern und Erde. Frankfurt a. M. 1995. – *Eine unterhaltsame, fast romanhafte Lebensdarstellung, informativ und zuverlässig.*

Safranski, Rüdiger: E. T. A. Hoffmann. Das Leben eines skeptischen Phantasten. Frankfurt a. M. 2000. – *Eine ausgezeichnet geschriebene Biografie auf dem neuesten Forschungsstand.*

Zum Werk

Segebrecht, Wulf: Autobiographie und Dichtung. Eine Studie zum Werk E.T.A. Hoffmanns. Stuttgart 1967. – *Herausgearbeitet werden vor allem die Beziehungen zwischen dem Werk und dem persönlichen Erleben des Autors.*

Matt, Peter von: Die Augen des Automaten. E.T.A. Hoffmanns Imaginationslehre als Prinzip seiner Erzählkunst. Tübingen 1971. – *Gründliche Untersuchung des Hoffmannschen Erzählkonzepts.*

Feldges, Brigitte / Ulrich Stadler: E.T.A. Hoffmann. Epoche – Werk – Wirkung. München 1986. – *Eine literatur- und werkgeschichtlich sehr sorgfältige Darstellung.*

Pikulik, Lothar: E.T.A. Hoffmann als Erzähler. Ein Kommentar zu den Serapions-Brüdern. Göttingen 1987. – *Eine Gesamtdarstellung der Novellensammlung »Die Serapions-Brüder« einschließlich des »Fräuleins von Scuderi«.*

Zu *Das Fräulein von Scuderi*

Weiss, Hermann F.: »The labyrinth of crime«. A reinterpretation of E.T.A. Hoffmann's *Das Fräulein von Scuderi.* In: The German Review 51 (1976) S. 181–189.

Schneider, Peter: Verbrechen, Künstlertum und Wahnsinn. Untersuchungen zur Figur des Cardillac in E.T.A. Hoffmanns *Das Fräulein von Scuderi.* In: Mitteilungen der E.T.A.-Hoffmann-Gesellschaft 20 (1980) S. 34–50.

Pikulik, Lothar: Das Verbrechen aus Obsession. E.T.A. Hoffmann: *Das Fräulein von Scuderi* (1819). In: Deutsche

Novellen. Hrsg. von Winfried Freund. München 1993. S. 47–57.

Lindken, Hans Ulrich (Hrsg.): Erläuterungen und Dokumente: *Das Fräulein von Scuderi.* Stuttgart 1978.

Oper

Paul Hindemith: Cardillac. Oper in drei Akten. Uraufführung am 9. November 1927 in Dresden.

Neufassung in vier Akten. Erstaufführung am 20. Juni 1952 in Zürich.

Film

Cardillac. Bundesrepublik Deutschland 1969. Regie: Edgar Reitz. In der Rolle des Cardillac: Hans Christian Blech.

Hörspiel

Das Fräulein von Scuderi. Ein Kriminalhörspiel. Für den Funk bearbeitet von Edmund Steinberger. Bayerischer Rundfunk, 4. und 11. Februar 1971.

Lesungen

Das Fräulein von Scuderi. Zwei Hörkassetten. Sprecher: Heinz von Cramer. Steinbach. Sprechende Bücher. Murrhardt 1981.

Das Fräulein von Scuderi. Zwei Hörkassetten. Sprecher: Jan Köster. Ascolto Verlag. Diedorf 1989.

Anmerkungen

1 Johann Wolfgang Goethe, *Gedichte und Epen*, hrsg. von Erich Trunz, Bd. 1, Hamburg ^{2}1956. S. 359.
2 E. T. A. Hoffmann: *Dichtungen und Schriften*, hrsg. von Walther Harich, Bd. 13, Weimar 1924, S. 421.
3 *Meyers kleines Lexikon Philosophie*, hrsg. von der Redaktion für Philosophie des Bibliographischen Instituts, Mannheim/Wien/Zürich 1987, S. 81.
4 Novalis, *Werke, Tagebücher und Briefe Friedrich von Hardenbergs*, hrsg. von Hans-Joachim Mähl, Bd. 2, München 1978, S. 282.
5 E. T. A. Hoffmann (Anm. 2), Bd. 13, S. 296f.
6 E. T. A. Hoffmann (Anm. 2), Bd. 11, S. 378.
7 E. T. A. Hoffmann (Anm. 2), Bd. 3, S. 117f.
8 In: *Hermes oder kritisches Jahrbuch der Literatur 1820*. Zitiert nach: *Erläuterungen und Dokumente, E. T. A. Hoffmann, »Das Fräulein von Scuderi«*, hrsg. von Hans Ulrich Lindken, Stuttgart 1978, S. 48.
9 Ebd., S. 49.
10 Ebd., S. 57.
11 E. T. A. Hoffmann, *Werke in 15 Teilen*, hrsg. von Georg Ellinger, 5. Teil, Berlin [u. a.] 1912, S. 33.
12 E. T. A. Hoffmann, *Dichtungen und Schriften*, Bd. 2, hrsg. von Walther Harich, Weimar 1924, S. XI.
13 Marianne Thalmann, »E. T. A. Hoffmanns *Fräulein von Scuderi*«, in: *Monatshefte für den deutschen Unterricht* 41 (1949) S. 107–116.
14 Richard Alewyn, »Das Rätsel des Detektivromans, in: *Definitionen*, hrsg. von Adolf Frisé, Frankfurt a. M. 1963, S. 117–136.
15 Hellmuth Himmel, »Schuld und Sühne der Scuderi«, in: *Mitteilungen der E. T. A.-Hoffmann-Gesellschaft* 7 (1960) S. 1–15.
16 Johannes Klein, *Geschichte der deutschen Novelle*, Wiesbaden 1954, S. 84f.
17 Walter Müller-Seidel, »Nachwort«, in: E. T. A. Hoffmann, *Die Serapions-Brüder*, München 1963, S. 1014–17.
18 Klaus Kanzog, »E. T. A. Hoffmanns Erzählung *Das Fräulein von Scuderi* als Kriminalgeschichte«, in: *Mitteilungen der*

E.T.A.-Hoffmann-Gesellschaft 11 (1964) S. 4–6. Ernst Bloch, »Philosophische Ansicht des Detektivromans«, in: E.B., *Gesamtausgabe*, Bd. 9, Frankfurt a.M. 1965, S. 245f. Rainer Schönhaar, *Novelle und Kriminalschema*, Bad Homburg 1969, S. 20–23. Horst Conrad, *Die literarische Angst*, Düsseldorf 1974, S. 105 und 109 ff.

19 Winfried Freund, *Die deutsche Kriminalnovelle*, Paderborn 1975, S. 43–53.

20 Hermann F. Weiss, »The labyrinth of crime«, A reinterpretation of Hoffmann's *»Das Fräulein von Scuderi«*, in: *Germanic Review* 51 (1976) S. 81–89.

21 Lothar Pikulik, »Der Verbrecher aus Obsession. E.T.A. Hoffmann, *Das Fräulein von Scuderi*« (1819), in: Winfried Freund (Hrsg.), *Deutsche Novellen*, München 1993, S. 47–57.

22 Achim Würker, »Der Umgang mit dem Geheimnis. Unbewusste Lebensentwürfe in E.T.A. Hoffmanns *Das Fräulein von Scuderi*, in: *Jahrbuch der internationalen Germanistik* 27 (1995/96) S. 107–141.

23 Winfried Freund, *Deutsche Phantastik*, München 1999, S. 149f.

Raum für Notizen

Lektüreschlüssel für Schüler

Alfred Andersch: *Sansibar oder der letzte Grund.* Von Stefan Schallenberger. 96 S. UB 15311

Bertolt Brecht: *Leben des Galilei.* Von Franz-Josef Payrhuber. 91 S. UB 15320

Georg Büchner: *Leonce und Lena.* Von Wilhelm Große. 96 S. UB 15319

Alfred Döblin: *Berlin Alexanderplatz.* Von Helmut Bernsmeier. 89 S. UB 15317

Annette von Droste-Hülshoff: *Die Judenbuche.* Von Bernd Völkl. 53 S. UB 15305

Friedrich Dürrenmatt: *Die Physiker.* Von Franz-Joseph Payrhuber. 77 S. UB 15302

Joseph von Eichendorff: *Aus dem Leben eines Taugenichts.* Von Theodor Pelster. 88 S. UB 15306

Theodor Fontane: *Unterm Birnbaum.* Von Michael Bohrmann. 82 S. UB 15307

Max Frisch: *Homo faber.* Von Theodor Pelster. 87 S. UB 15303

Johann Wolfgang Goethe: *Faust I.* Von Wolfgang Kröger. 69 S. UB 15301

Johann Wolfgang Goethe: *Die Leiden des jungen Werther.* Von Mario Leis. 75 S. UB 15312

Günter Grass: *Katz und Maus.* Von Wolfgang Spreckelsen. 79 S. UB 15304

E.T.A. Hoffmann: *Das Fräulein von Scuderi.* Von Winfried Freund. 74 S. UB 15321

E. T. A. Hoffmann

IN RECLAMS UNIVERSAL-BIBLIOTHEK

Die Bergwerke zu Falun. Der Artushof. 86 S. UB 8991

Die Elixiere des Teufels. Nachgelassene Papiere des Bruders Medardus eines Kapuziners. 376 S. UB 192

Das Fräulein von Scuderi. Erzählung aus dem Zeitalter Ludwig des Vierzehnten. 80 S. UB 25 – dazu *Erläuterungen und Dokumente.* (H. U. Lindken) 136 S. UB 8142

Der goldne Topf. Ein Märchen aus der neuen Zeit. 151 S. UB 101 – dazu *Erläuterungen und Dokumente.* 160 S. UB 8157

Kinder-Märchen. Von Contessa, Fouqué und E. T. A. Hoffmann. Mit 12 Vignetten von E. T. A. Hoffmann. 351 S. UB 8377

Klein Zaches genannt Zinnober. Ein Märchen. 150 S. UB 306

Kreisleriana. 155 S. UB 5623

Lebens-Ansichten des Katers Murr nebst fragmentarischer Biographie des Kapellmeisters Johannes Kreisler in zufälligen Makulaturblättern. 517 S. UB 153

Das Majorat. Erzählung. 86 S. UB 32

Meister Floh. Ein Märchen in sieben Abenteuern zweier Freunde. 235 S. UB 365

Nachtstücke. 431 S. UB 154

Nußknacker und Mausekönig. Ein Märchen. 72 S. UB 1400

Prinzessin Brambilla. Ein Capriccio nach Jakob Callot. Mit 8 Kupfern nach Callotschen Originalblättern. 173 S. UB 7953

Rat Krespel. Die Fermate. Don Juan. 82 S. UB 5274

Der Sandmann. 75 S. UB 230

Des Vetters Eckfenster. 53 S. UB 231

Steinecke: E. T. A. Hoffmann. Mit 31 Abb. 259 S. UB 17605

Philipp Reclam jun. Stuttgart